용서: 은혜를 시험하는 자리

IVP(InterVarsity Press)는
캠퍼스와 세상 속의 하나님 나라 운동을 지향하는
IVF(InterVarsity Christian Fellowship)의 출판부로
생각하는 그리스도인을 위한 문서 운동을 실천합니다.

Copyright ⓒ 2021 by Philip D. Yancey
Originally published in English under the title
The Scandal of Forgiveness by The Zondervan Corporation L.L.C.
Portions of this book adapted from *What's So Amazing About Grace?*
(978-0-310-21327-7, ⓒ 1997).
All rights reserved.

This Korean edition is published by arrangement with The Zondervan
Corporation L.L.C., a subsidiary of HarperCollins Christian Publishing,
Inc. through rMaeng2, Seoul, Republic of Korea.

This Korean translation edition ⓒ 2023 by Korea InterVarsity Press
156-10 Donggyo-ro, Mapo-gu, Seoul 04031, Republic of Korea.

이 책은 *What's So Amazing About Grace?* (978-0-310-21327-7, ⓒ 1997;
『놀라운 하나님의 은혜?』)를 개작하고 한 챕터를 추가하여 새롭게 구성한
축약판입니다.

이 한국어판의 저작권은 알맹2를 통하여
HarperCollins Christian Publishing, Inc.와 독점 계약한 IVP에 있습니다.
신 저작권법에 의하여 한국 내에서 보호받는 저작물이므로
무단 전재와 무단 복제를 금합니다.

용서: 은혜를 시험하는 자리
The Scandal of Forgiveness

필립 얀시 | 윤종석 옮김

Ivp

차례

1장	해방	·7
2장	사랑에 애타는 아버지	·19
3장	은혜의 색다른 계산법	·37
4장	끊지 못한 사슬	·57
5장	비본성적 행위	·69
6장	왜 용서인가?	·93
7장	복수	·121
8장	은혜의 무기고	·147
9장	은혜 충만한 그리스도인	·179
주		·205

일러두기
본문에 인용한 성경 구절은 특별한 표기가 없는 경우 개역개정판을 사용하였습니다.

1장

해방

내 친구 마크는 아내와 10대 자녀 둘과 함께 교외 중산층 가정에 살고 있다. 하루는 노쇠해 가는 고양이를 안락사시킬 때가 되었는지에 대해 부부가 상의하는 중이었다. 도중에 아내의 말에 화가 치민 그는 어느새 고함을 지르고 있었다. 남편의 폭발적인 분노에 위협을 느낀 아내는 유선 전화기로 경찰에 긴급 신고 전화를 걸었다. 마크는 재빨리 전화기를 빼앗아 전화선을 뽑아 버렸다. 씩씩거리며 방을 빠져나올 때만 해도 다 끝난 줄로 알았는데 잠시 후에 초인종이 울렸다.

사각 팬티에 티셔츠만 입고 있던 마크가 현관문을 여니 제복 차림의 경찰관 둘이 서 있었다. 걸려 오다 만 전화를 보고 긴급 전화 센터에서 관할 경찰서로 비상사태 가능성을 알렸던 것이다. 마크는 언쟁이 좀 격해졌을 뿐 아무 일도 없다고 설명했으나 경찰관은 잠재적인 가정 폭력 상황이므로 엄격히 규정대로 처리해야 한다고 답했다. 호기심에 찬 이웃들이 구경하는 가운데 그들은 마크에게 수갑을 채우고 속옷 차림 그대로 순찰차로 호송했다. 그날 밤을 구치소에서 보낸 그는 이튿날 아침, 아버지가 내준 보석금 덕분에 풀려났다.

　망신살이 뻗친 내 친구에게 14주 과정의 분노 조절 교육을 수료해야 한다는 판결이 떨어졌다. 교육 장소에 가 보니 말로만 아니라 주먹질로 분노를 표출한 상습범들이 모여 있었다. 수업을 진행하는 여성은 "우선 여러분이 피해를 입힌 사람에게 사과문부터 쓰셔야 합니다"라고 말했다. 마크는 그녀가 나누어 주는 펜과 종이를 받아 자리로 돌아왔다. 그런데 주위를 둘러보니 순순히 쓰겠다는 사람은 자기 혼자뿐이었다. 다른 남자들은 마크를 노려보고 있었다.

　마크가 사과문을 다 쓰자 진행자는 그에게 감사를 표하며 선고받은 교육 기간을 좀 줄여 주었다. 그런데도 아무도 그의 뒤를 잇지 않았다. 한 남자가 욕설을 섞어 가며 "난 못 써!"라고 내뱉자 다들 사람들도 동조하며 고개를 끄덕였다.

　마크가 아내의 신뢰를 회복하는 데는 여러 달이 걸렸다. 그러한 노력의 일환으로 마크는 자신의 분노 문제를 수면 위로 드러나게 해 준 이 이야기를 나를 포함한 모든 가까운 친구들에게 털어놓았다. "처음에는 이 사건을 평범한 부부 싸움에 대한 터무니없는 과잉 반응쯤으로 일축하고 싶었어요. 하지만 내가 아내에게 입힌 상처가 얼마나 심했는지 알겠더군요. 나 자신의 치부를 직시하고 진심으로 속죄하지 않는다면 우리 가정의 회복을 위해 반드시 필요한 아내의 용서를 받지 못할 수도 있겠단 생각이 들어요."

이어진 그의 말이 여태 잊히지 않는다. "내가 사과하는 것과 아내가 용서하는 것, 그중 어느 쪽이 더 어려운지 모르겠네요." 두 가지 행위 모두 자신을 보호하려는 우리의 본능에 어긋난다. 우선 자신이 가해자일 경우, 우리는 자기 잘못을 합리화하며 상대방이나 스트레스 혹은 온갖 심리적 요인을 탓하는 경향이 있다. 우리의 행위에 영향을 미쳤을 만한 요인은 수백 가지가 넘을 것이다. 반대로 자신이 피해자일 경우에는 상처와 원한을 품은 채 어떻게든 보상받으려 한다.

마크와 같은 갈등 상황에서 양쪽의 연결 고리는 사랑과는 거의 정반대되는 어떤 동력이다. 이 동력은 두 사람을 결속시키는 게 아니라 갈라놓는다. 양쪽 모두 자신을 보호하려는 두꺼운 벽을 쌓아 올려 교착 상태에 빠진다. 그런데 설상가상으로 이 벽은 용서의 주체인 피해자 쪽에서만 허물 수 있다. 마크가 1년 내내 날마다 사과문을 써도 회복의 열쇠는 아내가 홀로 쥐고 있다.

"다들 용서가 멋진 생각이라고 말하지만 막상 자기가 용서할 일이 생기면 달라진다."[1] C. S. 루이스(Lewis)가 『순전한 기독교』(Mere Christianity, 홍성사)에 쓴 말이다.

사실 우리는 모두 용서해야 할 일이 있다. 인간은 어차피 서로를 실망시키기 때문이다. 부모는 자녀를 양육할 때 실수를 저지르고, 친구는 멀어진다. 배우자는 당신을 짜증나게 하고 혼란에 빠뜨리며, 교인은 당신을 비판한다. 어느 누구의 사랑도 완전하지 못하다. 용납받고 싶은 우리 모두의 간절한 욕구를 아무도 채워 주지 못한다. 오래가는 관계치고 실망과 때로 배신을 겪지 않는 관계는 없다.

우리를 실망시키는 것은 타인이지만, 그로 인한 비통함은 우리가 스스로 키우는 것이다. 해법은 용서뿐이다. 용서를 잘 베푼 이야기와 기를 쓰고 용서하지 않은 이야기를 이 책에 소개했다. 은혜라는 시험에 통과한 이들도 있고 실패한 이들도 있다. 이는 큰 위험이 따르는 문제다. 원한이 대물림되면서 가정 안에는 물론이고 국가 간에도 적대감을 조장할 수 있기 때문이다.

잔인한 역설이지만, 용서하지 않으면 그 부정적인 영향력이 가장 심하게 미치는 쪽은 바로 피해자다. 용서의 대가인 데즈먼드 투투(Desmond Tutu) 대주교는 그 과정을 다음과 같이 설명한다.

> 내가 보기에 용서란 단지 이타적인 행위가 아니라 자신에게 가장 유익한 일이다. 용서하는 과정에서 미움과 분노를 벗어나기는 힘들다. 이러한 감정은 모두 인간의 일부다. 내가 말하는 용서란 복수할 권리를 내려놓고, 자신을 가해자에게 묶어두는 울분의 사슬을 끊을 수 있는 능력을 뜻한다. 용서하는 사람은 자신을 피해 의식 속에 유폐하는 미움과 분노에서 자유로워진다. 스스로 용서할 수 있다면 앞으로 나아갈 수 있고, 심지어 가해자가 더 나은 사람이 되도록 도울 수도 있다.[2]

투투 대주교가 말한 용서의 한 극적인 실화를 나는 2013년에 처음 방송된 BBC 프로그램에서 들었다. 열 살 때 등굣길에 30대 중반의 남자에게 유괴되었던 오스트리아 여성 나타샤 캄푸치(Natascha Kampusch)의 이야기였다. 유괴범은 소녀를 차고 밑의 캄캄한 지하 감옥 같은 방에 8년간 감금했다. 얼마 후부터는 아이를 끌어내 늘 삼엄한 감시하에 요리와 집안일을 시킨 뒤 밤마다 그 시멘트 방에 도로 가두었다. 어떤 때는 무지막지하게 때려 잘 걷지도 못하게 만들었고 강간을 저지르기까지 했다.

마침내 옆집으로 도망쳐 나온 나타샤는 열여덟 살인데도 몸무게가 8년 전과 거의 똑같이 47킬로그램이었다. 끔찍한 시련을 겪고도 결국 용서하기에 이른 그녀는 방송에서 이렇게 말했다. "그 사람을 용서할 수밖에 없었어요. 그래야만 내가 그 사건과 결별할 수 있으니까요. 그때 용서하지 못했다면 좌절감과 분노가 계속 나를 갉아먹으며 기생했을 거예요. 지금도 그 경험이 온통 내 속을 장악하고 있었을 겁니다. 내가 거기에 휘말렸다면 그 사람이 최후 승자가 되었겠지요. 나는 증오의 독배를 마시고 싶지 않았어요. 증오는 언제나 역효과를 내 나 자신에게로 돌아오니까요."

작가 앤 라모트(Anne Lamott)는 특유의 직설 화법으로 "용서하지 않는 것은 쥐약을 먹고 쥐가 죽기를 기다리는 것과 같다"[3]라고 말한 뒤 이렇게 덧붙였다. "용서란 보복이 결국 중요하지 않게 된다는 뜻이다. 그 문제는 끝났다. 그렇다고 꼭 가해자와 점심을 먹고 싶어 해야 된다는 말은 아니다."[4]

용서는 내 친구 마크처럼 가해자 쪽에서 사과를 해 와도 어려운 법이다. 그런데 나타샤의 경우는 유괴범이 참회의 기미를 전혀 보이지 않았다. 오히려 그는 경찰이 자신을 추격한다는 사실을 알고는 기차 앞으로 뛰어들어 스스로 목숨을 끊었다. 그럼에도 불구하고 그를 용서해야 한다는 그녀의 생각에는 변함이 없었다. 그것이 과거의 공포에서 자신을 해방시키는 길이었다.

상대가 용서를 구하지 않거나 용서의 필요성을 인정하지 않는데도 그 사람을 용서해야 할까? 그리스도인에게는 예수님이 최고의 모범이시다. 십자가에 달리신 그분이 가장 먼저 하신 말씀은 "아버지, 저들을 사하여 주옵소서. 자기들이 하는 것을 알지 못함이니이다"(눅 23:34)였다. 공정성이라는 합리적 기준으로 보자면 도저히 말이 안 되는 소리다. 잔인한 병사들은 죄 없으신 그분을 조롱하며 손과 발에 못을 박았고, 그분의 옷을 놓고 도박판을 벌였다. 그런 자들을 용서하시다니? 이 장면은 다른 어떤 장면보다 은혜의 불합리성과 용서를 가능케 하는 동력이 은혜임을 적나라하게 드러내 준다.

"또 '네 이웃을 사랑하고 네 원수를 미워하라' 하였다는 것을 너희가 들었으나"(마 5:43). 일찍이 예수님은 그분을 따르는 이들에게 인간 행위에 관한 일반적인 규칙을 반복해 말씀하셨다. "나는 너희에게 이르노니 너희 원수를 사랑하며 너희를 박해하는 자를 위하여 기도하라"(마 5:44). 당연히 청중의 얼굴에 충격받고 당황한 표정이 서렸을 것이다. 그래서 즉시 그분은 이 이상한 명령의 배후 근거를 밝히셨다. "이같이 한즉 하늘에 계신 너희 아버지의 아들이 되리니 이는 하나님이 그 해를 악인과 선인에게 비추시며 비를 의로운 자와 불의한 자에게 내려주심이라"(마 5:45).

하나님의 형상을 지닌 자로서 우리는 그분이 어떤 분이신지를 세상에 보여 주어야 할 사명을 받았다. 그러려면 내 생각에 예수님을 본받는 것보다 더 효과적인 방법은 없다. 하나님의 진노를 받아 마땅한 우리가 그분의 사랑을 받고, 하나님의 형벌을 받아 마땅한 우리가 그분의 용서를 받는다. 만약 우리가 인간관계에 그 패턴을 반영한다면, 우리는 하나님 닮은 모습을 세상에 드러내는 것이다.

신학자 톰 라이트(N. T. Wright)의 흥미로운 통찰에 따르면, 예수님의 화해 사역을 통해 용서가 가능해졌기에 "하나님은 세상을 죄의 짐에서 해방시키실 뿐 아니라 어떤 의미에서 자신도 타락한 세상에 늘 진노하셔야 하는 짐에서 해방되신다."[5]

***

구약성경에는 하나님이 베푸시는 용서의 범위가 여러 생생한 은유로 상술되어 있다. 그분은 "동이 서에서 먼 것같이" 우리 죄과를 우리에게서 멀리 옮기시고(시 103:12), 인간에게는 없는 그분만의 능력으로 허물을 완전히 지워 "네 죄를 기억하지 아니하"신다(사 43:25). 또 그분은 "내가 네 허물을 빽빽한 구름같이, 네 죄를 안개같이 없이하였으니"라고 선언하신다(사 44:22). 선지자 미가는 하나님이 우리의 죄악을 발로 밟으시고 깊은 바다에 던지신다고 표현했다(미 7:19).

우리는 하나님이 아니므로 기억을 완전히 지우기에는 역부족이다. 의지적 행위로 용서할 수는 있으나 잊고 싶어도 쉽게 잊을 수 없다. 지금 이 순간에도 나는 그간 내게 상처와 실망과 배신을 안겨 준 사람들을 줄줄이 읊을 수 있다. 용서의 단계를 모두 거쳤는데도 여전히 고통스러운 기억을 소환하면 오랜 흉터처럼 되살아난다. 내 뇌리 속에 도사리고 있는 기억이 표면으로 떠오를 때면 나는 그것을 하나님 앞에 가져가 초자연적 은혜를 베풀어 달라고 청해야 한다.

우리 인간에게 용서란 과거를 지우는 것이 아니라 오히려 미래를 독살하려는 과거를 차단함으로써 새로운 미래를 열어 주는 행위다. 용서는 과거를 바꿀 수 없음을 받아들이면서 더 나은 미래를 주실 하나님을 신뢰한다는 뜻이다.

생각해 보면 마크는 마침내 해방되어 사랑의 부부 관계를 가꾸고 있고, 나타샤도 해방되어 새로운 삶을 개척하고 있다. 또 생각해 보면 배신자였던 제자 베드로는 예수님께 택함받아 "내 양을 먹"였고(요 21:17), 한때 그리스도인을 잡으러 쫓아다니던 다소의 사울도 해방되어 역사상 가장 위대한 선교사가 되었다.

용서에 대한 환상은 금물이다. 용서는 인간관계에서 가장 버거운 행위이자 우리 평생 가장 힘든 일일 수 있다. 그러나 삶도 사랑도 완전하지 못한 사람에게, 즉 우리 모두에게 용서는 원한과 복수의 끝없는 악순환이 아닌 대안을 열어 준다. 용서만이 우리를 자유케 한다.

2장

사랑에 애타는 아버지

소녀는 미시간주 트래버스 시티 위쪽 체리 농장에서 성장했다. 부모는 약간 구식이라 딸이 듣는 음악, 코걸이, 치마 길이 등에 과민 반응을 보이곤 한다. 어쩌다 외출 금지령이 떨어지면 소녀는 속이 끓어오른다. 그날도 말다툼 후 아버지가 방문을 두드리자 딸이 소리친다. "아빠 미워요!" 그날 밤 소녀는 그동안 머리 속으로 수없이 연습했던 일을 행동에 옮긴다. 가출을 감행한 것이다.

디트로이트는 전에 교회 중고등부에서 타이거즈 팀의 경기를 보기 위해 버스를 타고 한 번밖에 가 본 일이 없다. 트래버스 시티 신문마다 디트로이트 시내 갱단, 마약, 폭력 기사가 무서울 정도로 자세히 보도되고 있던 터라 소녀는 부모가 설마 그런 곳으로 자기를 찾아 나서지는 않으리라 생각한다. 캘리포니아나 플로리다라면 모를까 디트로이트는 아니겠지.

이틀째 되던 날 소녀는 지금까지 본 것 중 가장 큰 차를 몰고 다니는 한 남자를 만나게 된다. 남자는 차도 태워 주고 점심도 사 주고 머물 곳도 마련해 준다. 소녀는 남자가 준 알약을 먹고 난생 처음 경험하는 기분에 빠져든다. 소녀는 '역시 내 생각이 맞았어. 엄마 아빠는 재미있는 건 하나도 못하게 했던 거야'라고 결론내린다.

그렇게 한 달, 두 달, 한 해가 별 탈 없이 지나간다. 소녀가 '보스'라고 부르고 큰 차를 가진 남자는 소녀에게 남자들이 좋아하는 일을 몇 가지 가르쳐 준다. 상대가 아직 미성년자인 만큼 남자들이 내는 돈에도 웃돈이 붙는다. 소녀는 마음껏 룸서비스도 주문해 가며 펜트하우스에 살고 있다. 가끔 고향 사람들이 생각날 때도 있지만 지금은 자기가 거기서 자랐다는 게 믿기지 않을 정도로 그들의 삶이 너무 답답하고 촌스럽게 보인다.

어느 날 소녀는 우유팩 뒷면에 "사람을 찾습니다"라는 문구와 함께 자기 사진이 실린 것을 보고 잠시 놀란다. 하지만 지금은 금발 머리에 짙은 화장을 하고 여기저기 보석으로 피어싱한 여자를 그 아이로 착각할 사람은 아무도 없을 것이다. 게다가 친구들도 대부분 가출을 한 터라 디트로이트에서는 서로를 밀고하지 않는다.

1년이 지나면서 소녀의 얼굴에 병색이 돌기 시작한다. 돌연 낯빛이 바뀌는 보스를 보고 소녀는 경악한다. "요즘 같은 세상에 빈둥거려서는 안 돼." 보스가 호통치는 소리에 소녀는 어느새 한 푼도 없이 길거리로 나앉게 된다. 여전히 하룻밤에 두세 건씩 일을 건지기는 하지만 이제는 큰돈도 못 받는데다 그나마 받는 돈도 마약 사는 데 쓰면 끝이다. 겨울이 오자 소녀는 대형 백화점 밖 쇠창살에 기대어 잔다. 그러나 '잔다'는 것은 틀린 말이다. 한밤중 디트로이트 시내는 10대 소녀가 경계를 늦출 수 있는 곳이 못 된다. 눈 주변이 거무스레해진다. 기침이 심해진다.

그날 밤도 사람들의 발자국 소리를 들으며 깨어 있는데 한순간 모든 것이 달라 보이기 시작한다. 무대의 주인공 같던 기분은 더 이상 온데간데없고 춥고 무서운 도시의 길 잃은 어린아이 같은 심정만 남는다. 소녀는 훌쩍거리기 시작한다. 주머니는 비어 있는데 배가 고프다. 대책이 필요하다. 소녀는 바닥에 웅크리고 코트 위에 신문지까지 덮어쓴 채 떨고 있다. 불현듯 끊겼던 기억이 되살아나며 하나의 영상이 마음 가득 떠오른다. 천지에 벚꽃이 만발한 5월의 트래버스 시티, 소녀의 황금빛 사냥개가 테니스공을 찾아 벚꽃이 흐드러진 숲속을 달리는 장면.

"하나님, 제가 어쩌다 집을 나왔을까요?" 소녀가 혼잣말로 중얼거린다. 가슴이 미어지는 것 같다. "우리 집 개도 나보다 잘 먹는데." 소녀는 흐느낀다. 그리고 한순간에 깨닫는다. 견딜 수 없을 정도로 집에 돌아가고 싶다는 것을.

연거푸 세 차례 전화를 걸지만 계속 자동 응답기만 울린다. 처음 두 번은 그냥 끊지만 세 번째는 메시지를 남긴다. "아빠 엄마, 저예요. 집에 갈지도 모르겠어요. 집 가는 버스를 탔는데 내일 자정쯤 도착할 것 같아요. 음, 두 분 다 계속 안 계시면 캐나다에 도착할 때까지 버스에 남아 있겠지요."

버스가 디트로이트와 트래버스 시티 사이의 경유지를 모두 통과하는 데는 일곱 시간쯤 걸린다. 그 사이 소녀는 자기 계획의 허점을 깨닫는다. 만약 아빠 엄마가 출타 중이라 메시지를 못 듣는다면? 하루 이틀 더 기다린 후 직접 통화를 했어야 하지 않을까? 설사 집에 계신다 해도 딸 하나 오래전에 죽은 셈 치고 단념하고 계실지도 몰라. 충격을 극복할 시간을 드릴걸.

이렇게 걱정하면서도 아버지에게 할 말을 준비하느라 여러모로 생각이 복잡하다. "아빠, 죄송해요. 잘못했어요. 아빠 잘못이 아니에요. 다 제 잘못이에요. 아빠, 용서해 주세요." 수없이 되뇌는 말, 연습인데도 벌써 목이 잠긴다. 남한테 잘못을 빌어 본 적이 언제던가.

버스는 베이 시티부터 불을 켜고 달린다. 바퀴에 숱하게 스쳐 닳은 도로 위로 작은 눈송이가 흩날리고 아스팔트에서 뿌옇게 김이 난다. 고향의 밤은 칠흑같이 어둡다는 것을 그동안 까맣게 잊고 있었다. 사슴 한 마리가 쏜살같이 길을 가로지르는 바람에 버스가 잠시 흔들린다. 길옆에는 트래버스 시티까지 남은 거리를 알리는 표지판이 나왔다 사라지고 또 나왔다 사라졌다. '오, 하나님.'

버스의 에어 브레이크가 쉿 소리를 내며 드디어 터미널 안으로 들어서자 운전사가 쉰 목소리로 안내 방송을 한다. "정차 시간은 15분입니다." 소녀의 인생을 판가름할 운명의 15분. 소녀는 손거울로 얼굴을 살피고 머리를 매만진 뒤 치아에 묻은 립스틱을 지워 낸다. 손끝에 묻은 담배 얼룩을 보며 부모님이 과연 자기를 알아보실지 궁금해진다. 물론 나와 계신 경우의 이야기다.

앞일을 전혀 모른 채 소녀는 터미널로 들어선다. 오만 가지 상상을 다 해 봤지만 정작 눈앞에 펼쳐진 것은 정말 꿈에도 상상하지 못했던 장면이다. 콘크리트 벽에 플라스틱 의자 뿐인 미시간주 트래버스 시티 버스 터미널 안에 형제자매부터 시작해 삼촌들, 사촌들, 할머니, 증조 할머니, 이모 할머니까지 무려 사십 명이나 되는 일가친척이 다 나와 서 있는 것이다. 저마다 우스꽝스러운 파티 모자를 쓰고는 요란한 악기를 불면서. 터미널 벽은 온통 "귀가 대환영!"이라고 쓰인, 컴퓨터로 출력한 현수막으로 뒤덮여 있다.

환영 인파 속에서 아빠가 다가오자 소녀는 녹아내리는 수은처럼 눈물이 아른거리는 눈으로 아빠를 보며, 외워 둔 말을 하기 시작한다. "아빠, 죄송해요…."

아빠가 말을 막는다. "쉿! 이러고 있을 때가 아니야. 용서를 빌고 있을 시간이 없어. 파티에 늦을라. 집에 잔치가 준비되어 있거든."

***

우리는 어떤 약속이든 걸림돌을 찾아내는 데 익숙하다. 그러나 파격적인 용서와 놀라운 은혜가 넘치는 예수님의 비유에는 하나님의 사랑에서 우리를 실격시키는 걸림돌이나 허점이 하나도 없다. 비유마다 하나같이 현실로 보기에는 턱없이 좋게 끝난다. 아니, 너무 좋아 반드시 현실이 되어야만 하는 것이리라.

이런 이야기들은 용서를 해 주시긴 하지만 회개의 몸부림을 쳐야 마지못해 해 주시는 하나님이라는 내 어린 시절의 생각과는 얼마나 다른가. 나는 하나님이 사랑보다는 두려움과 존경을 더 좋아하는 멀고도 무서운 존재인 줄 알았다. 그러나 예수님의 비유에 나오는 하나님은 체면조차 버린 채 뛰어나와 집안의 재산을 절반이나 탕진한 아들을 끌어안는 아버지의 모습이다. "네가 교훈을 얻었기를 바란다"라는 식의 근엄한 훈계도 없다. 오히려 "이 내 아들은 죽었다가 다시 살아났으며 내가 잃었다가 다시 얻었노라"(눅 15:24)라는 아버지의 감격스런 기쁨에 흥겨운 한마디가 뒤를 잇는다. "그들이 즐거워하더라."

용서를 가로막는 것은 하나님의 침묵이 아니라 우리의 침묵이다. 하나님은 "아직도 거리가 먼데 아버지가 그를 보고 측은히 여[기신다]"(눅 15:20). 하나님은 언제나 두 팔을 벌리고 계시는데 우리가 등을 돌릴 뿐이다.

나는 예수님이 말씀하신 은혜의 비유를 그 뜻이 가슴 깊이 새겨질 만큼 충분히 묵상해 왔다. 그러나 지금도 그 파격적인 메시지를 접할 때마다 비은혜의 구름이 하나님에 대한 내 시각을 얼마나 무참히 흐려 놓는지 새삼 깨닫곤 한다. 잃어버린 동전 하나를 찾았다고 기뻐 펄쩍펄쩍 뛰는 여인은 하나님을 생각할 때 자연스럽게 떠오르는 이미지가 아니다. 하지만 그것이 예수님이 힘써 알리신 하나님의 모습이다.

탕자 이야기는 잃은 양, 잃어버린 동전, 잃은 아들에 관한 예수님의 세 가지 비유에 연달아 나오는데 요점은 모두 동일해 보인다. 셋 다 잃어버린 슬픔이 부각된 뒤 다시 찾은 기쁨과 함께 축하하는 장면으로 끝난다. 사실상 예수님의 말씀은 이런 것이다. "하나님이 된다는 것이 어떤 기분인지 알고 싶으냐? 저기 두 다리로 서 있는 인간들 중 하나가 내게 돌아오면 나는 마치 잃어버렸다고 포기했던 가장 소중한 것을 되찾은 기분이다." 하나님은 일생일대의 발견처럼 느끼신다.

재발견은 처음 발견보다 왠지 모르게 더 깊은 울림을 준다. 펜 하나라도 잃었다가 다시 찾으면 처음 살 때보다 더 기쁜 것이 주인의 마음이다. 나는 컴퓨터가 없던 시절 집필 중인 책의 네 장 분량의 원고를 잃어버린 일이 있다. 호텔 방 서랍에 그냥 두고 나왔던 것이다. 호텔 측에서는 두 주 동안 계속 청소하는 사람이 그 종이뭉치를 버렸다는 말만 되풀이했다. 어찌나 속이 상하던지. 그 네 장을 다듬고 고치느라 몇 달이 걸렸는데 이제 무슨 기력으로 처음부터 다시 시작한단 말인가? 같은 단어를 생각해 낸다는 건 불가능할 것이다. 그러던 어느 날 영어를 거의 못하는 한 여성 청소부에게서 전화가 왔는데 그 종이를 버리지 않았다는 것이다. 정말이지, 원고를 되찾은 기쁨은 처음 쓰면서 느끼던 것과는 비할 수 없었다.

6개월 전 유괴된 딸이 살아 있으며 소재지가 파악됐다는 경찰의 전화를 받는 부모의 심정, 육군 대변인이 방문하여 그간의 차질에 대한 사과와 함께 추락 헬기에 남편이 타지 않았다는 말을 듣는 아내의 심정, 나는 이런 심정을 위에서 말한 경험 덕분에 약간 어렴풋이 알 것 같다. 만물의 창조주께서 그의 또 다른 가족 한 명이 되돌아올 때 느끼실 심정도 이런 일들로 미루어 조금은 헤아려 볼 수 있다. 예수님은 이렇게 표현하셨다. "이와 같이 죄인 한 사람이 회개하면 하나님의 사자들 앞에 기쁨이 되느니라"(눅 15:10).

은혜란 믿어지지 않을 만큼 개인적인 것이다. 헨리 나우웬(Henri Nouwen)도 말했듯이 "하나님은 기뻐하신다. 세상의 문제들이 해결됐기 때문도 아니고, 인간의 아픔과 고난이 다 끝났기 때문도 아니고, 수많은 영혼이 이미 회심하여 당신의 선하심을 찬양하고 있기 때문도 아니다. 하나님은 잃어버린 자녀 **한 명**을 찾으신 것으로 기뻐하신다."[1]

***

베니스 미술 아카데미 벽에는 종교 재판의 빌미가 되었던 파올로 베로네제(Paolo Veronese)의 그림이 한 점 걸려 있다. 예수님이 제자들과 함께 어느 잔치석상에 앉으신 그림으로 한쪽 구석에서는 로마 병사들이 노닥거리고 있고 반대편에서는 어떤 남자가 코가 빨개져 있다. 떠돌이 개들은 사방을 휘젓고 다니고 군데군데 술주정뱅이, 난쟁이, 흑인, 심지어 시대에 안 맞는 훈족까지 등장한다. 종교 재판에 소환되어 이런 불경한 대목에 대한 해명을 요구받은 자리에서 베로네제는 복음서를 기준으로 보면 이런 사람들이 바로 예수님이 어울렸던 부류라며 자기 그림을 변호했다. 분개한 재판관들은 그 그림을 성화가 아닌 속화(俗畵)로 고치고 제목도 바꿀 것을 명했다.

물론 이 과정에서 종교 재판관들은 예수님 시대 바리새인의 태도를 그대로 보여 주었다. 바리새인도 세리나 혼혈인이나 외국인이나 평판 나쁜 여자들이 예수님과 어울리는 데 분개했다. 그런 사람들이 바로 하나님이 사랑하시는 사람들이라는 사실을 받아들이지 못한 것이다. 예수님이 은혜의 비유로 무리의 마음을 파고드는 바로 그 순간에도 바리새인은 주변에 서서 투덜대며 이를 갈고 있었다. 예수님은 도발적으로 탕자의 비유에 형을 등장시키신다. 동생의 철없는 행동에 오히려 상을 주는 아버지를 보고 형은 마땅한 분노를 표출한다. 이런 배신자한테 잔치를 열어 주다니 도대체 그의 아버지가 가르치려는 '가족의 가치관'은 무엇인가? 장려하려는 덕목이 무엇이란 말인가?*

복음이란 우리 생각과 전혀 다른 것이다. 나만 해도 문제아보다는 모범생에게 칭찬이 돌아가기를 바랄 것이다. 거룩하신 하나님을 감히 뵐 꿈이라도 꾸려면 우선 잘못된 행동부터 고치는 것이 순서라고 생각할 것이다. 그러나 예수님이 보여 주신 하나님의 모습은 외관상 훌륭한 종교 지도자를 멀리하시고 오히려 "하나님이여, 불쌍히 여기소서"(눅 18:13) 하고 부르짖는 한 평범한 죄인을 만나 주시는 모습이다. 사실 성경 어디를 보더라도 하나님은 '착한' 사람들보다는 '진실한' 이들을 훨씬 좋아하신다는 것을 알 수 있다. 예수님의 말씀을 들어 보자. "죄인 한 사람이 회개하면 하늘에서는 회개할 것 없

---

* 현대 설교가 프레드 크래독(Fred Craddock)은 오로지 이 점을 공정하게 만들려고 비유의 세부 사항을 수정한 바 있다. 아버지가 **형**에게 반지를 끼워 주고 옷을 입혀 준 다음 오랜 충성과 순종을 기려 살진 송아지를 잡는 것으로 설교한 것이다. 그러자 예배당 뒤쪽에서 한 여자가 소리쳤다. "처음부터 그렇게 썼어야 **옳아요!**"

는 의인 아흔아홉으로 말미암아 기뻐하는 것보다 더하리라"(눅 15:7).

예수님이 돌아가시기 전에 마지막으로 하신 일 중 하나는, 십자가에 달린 강도가 순전히 두려움에서 벗어나고자 회개하는 줄 아시면서도 그를 용서하신 것이다. 이 강도는 앞으로 성경을 공부할 것도 아니고 회당이나 교회에 나갈 것도 아니고 자기가 피해 입힌 사람들을 찾아가 배상할 것도 아니었다. 단순히 "예수여…나를 기억하소서"(눅 23:42)라고 말한 것뿐인데 예수님은 "오늘 네가 나와 함께 낙원에 있으리라"(눅 23:43)라고 약속해 주셨다. 이것은 은혜가 우리의 행위에 달린 것이 아니라 하나님이 하신 일에 달려 있는 것임을 보여 주는 또 하나의 충격적인 사건이다.

사람들에게 천국에 가려면 어떻게 해야 하느냐고 물어보면 대답은 대부분 같다. "착하게 살아야죠." 이는 예수님의 비유와 상충하는 답이다. 사실 우리는 그냥 "도와주세요!" 하고 부르짖기만 하면 된다. 하나님은 집을 찾아 돌아오는 자라면 누구나 맞아 주신다. 실은 하나님 편에서 이미 첫걸음을 떼셨다. 의사, 변호사, 결혼 상담가 같은 전문직 종사자들은 대부분 자신을 높이 평가하고 고객들이 찾아오기를 기다린다. 그러나 하나님은 아니다. 쇠렌 키르케고르는 말한다.

> 죄인에 대한 문제라면 하나님은 그냥 팔 벌리고 서서 "이리 오라"라고 말씀만 하시지 않는다. 줄곧 서서 기다리신다. 탕자의 아버지가 그랬던 것처럼. 아니다. 그분은 서서 기다리시지 않는다. 찾아 나서신다. 목자가 잃은 양을, 여인이 잃어버린 동전을 찾아 나선 것처럼. 그분은 가신다. 아니다. 그분은 이미 가셨다. 그 어떤 목자나 여인보다 무한히 먼 길을. 진정 그분은 하나님 신분에서 인간 신분이 되기까지 무한히 먼 길을 가셨다. 그렇게 죄인들을 찾아오신 것이다.[2]

이는 예수님의 비유에서 가장 중요한 측면을 지적한 말이다. 그분의 비유는 단지 청중의 관심을 끌기 위한 흥미로운 이야기나 신학적 진리를 담는 문학적 그릇이 아니다. 예수님의 비유는 사실 그분의 지상 생활의 축소판이다. 그분은 안전한 울타리를 떠나 어둡고 위험한 밤길을 나선 목자였다. 그분은 세리, 잡배, 창녀도 잔치에 초대하셨다. 그분은 건강한 자가 아니라 병든 자, 의인이 아니라 불의한 자를 위해 오셨다. 자기를 배반한 자, 특히 가장 필요로 할 때 자기를 버린 제자들을 대할 때도 그분은 사랑에 애타는 아버지였다.

***

신학자 칼 바르트(Karl Barth)는 수천 면에 달하는 『교회 교의학』(*Church Dogmatics*, 대한기독교서회)을 집필한 후 하나님을 간단히 이렇게 정의하는 데 도달했다. "사랑하시는 분."

얼마 전 열다섯 살 난 딸과 전쟁 중인 목사 친구로부터 연락이 왔다. 그는 딸이 피임약을 사용하는 것을 알고 있었다. 심지어 며칠씩 집에 들어오지 않을 때도 있었다. 부모가 갖가지 훈육을 시도해 봤지만 소용없었다. 딸은 거짓말과 속임수를 일삼으며 반격할 방도를 찾곤 했다. "이게 다 엄한 것밖에 모르는 엄마 아빠 때문이에요!"

친구가 말했다. "거실 통창 앞에 서서 어둠 속을 내다보며 딸아이가 집에 돌아오기만 기다리던 일이 생각나네. 속에서 분이 치밀어 올랐지. 나도 탕자의 아버지처럼 되고 싶었지만, 우리를 속이고 상처를 준 딸 아이한테 화가 나더군. 물론 가장 큰 상처를 받은 건 자기 자신이었겠지. 하나님의 진노가 표현된 예언서 말씀이 비로소 이해가 되더군. 상처 주기에 능한 백성 앞에서 그분은 고통 가운데서 부르짖으셨던 걸세."

"진짜 빼놓을 수 없는 이야기가 있네. 그날 밤, 아니 이튿날 아침, 딸아이가 집에 오자 그야말로 더 이상 바랄 게 없었지. 다만 그 아이를 두 팔로 감싸안고 사랑해 주며 네가 잘되기를 바란다고 말해 주고 싶었을 뿐. 나는 사랑에 애타는 무력한 아버지였다네."

지금은 하나님을 생각하면 사랑에 애타는 아버지 모습이 떠오른다. 한때 생각했던 엄격한 군주와는 거리가 멀다. 나는 내 친구가 고통스럽게 어둠 속을 응시하며 거실 통창 앞에 서 있는 모습을 떠올려 본다. 예수님의 비유에 그려진 '기다리시는 아버지'가 떠오른다. 자식의 부당한 대우 때문에 가슴에 상처를 입었으면서도 오직 용서와 새 출발을 원하며 "이 내 아들은 죽었다가 다시 살아났으며 내가 잃었다가 다시 얻었노라"라고 기쁘게 외치기를 원하시는 아버지(눅 15:32).

모차르트의 진혼곡(Requiem)에는 지금은 내 기도가 되었고 기도할수록 확신하게 되는 멋진 노랫말이 있다. "자비로운 예수여, 주께서 이 땅에 오심이 바로 저 때문임을 기억해 주소서." 그분은 지금도 기억하고 계시리라.

3장

은혜의 색다른 계산법

내 생각에 제자들 중 가장 수학에 능했던 사람은 유다와 베드로다. 유다는 숫자에 밝았음이 분명하다. 그렇지 않았다면 다른 제자들이 그를 회계로 뽑지 않았을 것이다. 베드로는 언제나 예수님의 의중을 정확히 파악하려고 했던 꼼꼼하고 철저한 사람이었다. 복음서에 보면 예수님이 기적을 베푸사 많은 물고기를 잡게 하셨을 때 베드로가 끌어올린 것이 153마리였다는 기록이 있다. 계산에 빠른 사람이 아니고야 어찌 그 파닥거리는 물고기 떼를 세어 볼 엄두나 내겠는가?

사도 베드로가 은혜의 수학 공식을 찾아보려 한 것도 이런 철두철미한 성격 탓이다. 하루는 그가 예수님께 물었다. "형제가 내게 죄를 범하면 몇 번이나 용서하여 주리이까? 일곱 번까지 하오리이까?"(마 18:21) 당시 랍비들은 인간이 베풀 수 있는 용서의 횟수를 최대 세 번으로 가르쳤기 때문에 베드로 딴에는 파격적인 관용을 보인 것이다.

예수님은 즉각 답하셨다. "일곱 번뿐 아니라 일곱 번을 일흔 번까지라도 할지니라"(마 18:22). 어떤 사본에는 "일흔일곱 번"으로 되어 있으나 사백구십 번이든 일흔일곱 번이든 그건 별로 중요하지 않다. 예수님이 말씀하시려 한 바는 용서란 계산기를 두드려서 하는 그런 종류의 것이 아니라는 점이다.

베드로의 질문을 발단으로 예수님의 명쾌한 비유가 또 하나 이어진다. 그것은 어쩌다 수십억대 빚이 쌓인 종의 이야기다. 현실적으로 종이 그런 고액의 빚을 질 수 없다는 점이 예수님의 논지를 더욱 분명히 해 준다. 일가족과 전 재산을 몰수해도 조금도 줄지 않을 빚이라는 것이다. 용서가 불가능하다. 그럼에도 불구하고 임금은 불쌍히 여기는 마음에 돌연 종의 빚을 다 탕감해 주고 처벌하지 않고 풀어 준다.

일순간 전개가 바뀐다. 방금 막 용서받은 그 종이 자기에게 기껏해야 몇 푼 빚진 친구를 붙잡고 못살게 군다. "빚을 갚으라!"(마 18:28) 그는 닦달하다 못해 친구를 옥에 가둔다. 탐욕스런 이 종은 한마디로 **배은망덕한 자**(ingrate)이다.

비유 끝부분에 가서 이 임금이 곧 하나님임을 알게 되면, 왜 예수님이 이런 과장법을 사용하고 계신지 이유가 분명해진다. 하나님은 우리의 산더미 같은 빚을 이미 탕감해 주셨고 거기에 비하면 다른 사람이 우리에게 한 잘못은 개미집 정도밖에 안 된다. 이것이 남들을 대하는 우리의 태도가 되어야 한다. 하나님께 받은 그 큰 용서를 생각할 때 어떻게 서로 용서하지 **않**을 수 있을까?

C. S. 루이스가 말했듯이, "그리스도인이 된다는 것은 용서할 수 없는 죄를 용서하는 것을 말한다. 하나님이 우리의 용서받을 수 없는 죄를 사하셨기 때문이다."[1] 루이스 자신도 성(聖) 마가 축일에 사도신경 중 "죄를 사하여 주시는 것과"라는 대목을 반복하다 순간의 계시로 하나님이 베푸신 용서의 깊이를 깨달았다. 그리고 깨끗이 죄사함을 받았다. "그 진리가 마음속에 어찌나 선명히 다가오던지 여태까지 내가 (그렇게 많은 자백과 사죄를 하고도) 그것을 전심으로 믿지 못했음을 새삼 깨달았다."[2]

예수님의 비유를 묵상하면 할수록 복음의 계산법을 묘사하는 '스캔들'이라는 단어가 마음에 든다. 예수님이 은혜에 관한 이러한 이야기를 들려주신 것은 우리가 눈에는 눈으로 식의 비은혜 세상에서 완전히 벗어나 하나님의 무한한 은혜의 영역에 들어가도록 부르시기 위함이라 믿는다. 미로슬라브 볼프(Miroslav Volf)의 말처럼, "과분한 은혜의 경제학은 도덕적 인과응보의 경제학을 능가한다."[3]

어린이집 시절부터 우리는 은혜 없는 세상에서 성공하는

법을 배운다. 부지런한 새가 벌레를 잡는다. 수고 없이는 소득도 없다. 세상에 공짜란 없다. 권리를 주장하라. 돈 낸 만큼 찾아 먹으라. 나도 이런 공식들을 잘 안다. 그런 공식을 따라 살고 있으니까. 나도 벌기 위해 일하고 이기는 것을 좋아하고 권리를 내세운다. 누구나 더도 말고 덜도 말고 받아 마땅한 대로만 받기를 원한다.

그러나 조금만 귀 기울여 보면 은혜의 속삭임이 함성처럼 파고든다. 받아 마땅한 것을 받지 않은 나. 형벌받아 마땅한 내가 용서를 받았다. 진노를 받아 마땅한 내가 사랑을 받았다. 빚을 지고 감옥에 가야 마땅한 내가 오히려 신용 양호 등급을 받았다. 가차 없는 질책에 무릎 꿇어 회개해야 마땅한 내가 잘 차려진 잔칫상을 받았다.

***

은혜는 소위 하나님에 대한 딜레마를 해결해 준다. 굳이 성경을 많이 읽지 않아도 인간을 향한 하나님의 마음에 긴장이 흐르고 있음을 감지할 수 있다. 한편으로 하나님은 우리를 사랑하시지만 반면에 우리의 행동은 그분을 거부한다. 인간 안에서 당신의 형상을 보시기 원하지만 고작해야 깨어져 흩어진

조각만 보일 뿐이다. 그래도 하나님은 포기하실 수 없다. 포기하시지 않는다.

다음 이사야서 본문은 하나님의 초월적 능력의 증거로 자주 인용되는 말씀이다.

이는 내 생각이 너희의 생각과 다르며
　내 길은 너희의 길과 다름이니라.
　　여호와의 말씀이니라.
이는 하늘이 땅보다 높음같이
　내 길은 너희의 길보다 높으며
　내 생각은 너희의 생각보다 높음이니라. (사 55:8-9)

그러나 문맥을 보면 사실 하나님은 용서의 열망을 표현하시는 중이다. 천지를 지으신 하나님께는 그분과 피조 세계를 갈라놓은 거대한 간극을 메울 수 있는 능력이 있다. 탕자 된 백성이 그 어떤 장애물로 막을지라도 그분은 화해하시며 용서하실 것이다. 선지자 미가는 말했다. "주께서는…인애를 기뻐하시므로 진노를 오래 품지 아니하시나이다"(미 7:18).

하나님의 상반된 감정이 한 장면 안에서 서로 줄다리기를 할 때도 있다. 예컨대 호세아서에 보면 하나님은 그 백성을 향한 애틋한 회상과 엄중한 심판의 위협 사이를 왔다 갔다 하신다. "칼이 저희의 성읍들을 치며"(호 11:6). 무서운 경고가 나오다가 거의 문장 중간에 사랑의 절규가 끼어든다.

> 에브라임이여, 내가 어찌 너를 놓겠느냐.
>   이스라엘이여, 내가 어찌 너를 버리겠느냐.…
> 내 마음이 내 속에서 돌이키어
>   나의 긍휼이 온전히 불붙듯 하도다. (호 11:8)

마침내 하나님의 결론이 나온다. "내가 나의 맹렬한 진노를 나타내지 아니하며…이는 내가 하나님이요 사람이 아님이라. 네 가운데 있는 거룩한 이니"(호 11:9). 역시 하나님께는 심판의 규칙을 바꿀 권리가 있다. 이스라엘 백성은 하나님께 버림받아 마땅했지만 그 마땅한 것이 임하지 않는다. "내가 하나님이요 사람이 아님이라." 자식을 돌아오게만 할 수 있다면 하나님은 얼마든지 합리적 계산을 무시하실 수 있다.

충격적인 비유를 통해 이스라엘을 향한 자신의 사랑을 보여 주시고자 하나님은 선지자 호세아에게 고멜이라는 여자와 결혼하라고 명하신다. 고멜은 세 자녀를 낳은 뒤 가정을 버리고 다른 남자한테 간다. 그러다 한동안 창녀 생활을 하는데 바로 그때 하나님은 호세아에게 기막힌 명령을 내리신다. "이스라엘 자손이 다른 신을 섬기고…즐길지라도 여호와가 그들을 사랑하나니 너는 또 가서 타인의 사랑을 받아 음녀가 된 그 여자를 사랑하라"(호 3:1).

호세아의 경우 용서의 스캔들이 그야말로 세간의 스캔들이 된다. 고멜이 호세아에게 했듯 아내가 남편에게 그런 행동을 했다면 남자의 마음엔 어떤 생각이 오갈까? 호세아는 아내를 죽이고 싶다가도 용서하고 싶었다. 이혼하고 싶다가도 다시 화합하고 싶었다. 수치심이 들다가도 측은한 마음이 들었다. 결국은 불가항력적인 사랑의 힘이 이긴다. 부정한 아내 때문에 온 동네 놀림거리가 된 호세아는 아내를 다시 집으로 맞아들인다.

고멜이 받은 것은 공평도 아니고 공의도 아니다. 고멜은 은혜를 받았다. 이 기사를 읽을 때마다, 아니 매섭게 시작했다 하염없는 눈물로 이어지는 하나님의 고백을 들을 때마다 더 많은 이들이 다시 돌아오도록 하시기 위해 그러한 굴욕을 견디시는 그분 앞에 그저 경탄할 뿐이다. "에브라임이여, 내가 어찌 너를 놓겠느냐. 이스라엘이여, 내가 어찌 너를 버리겠느냐." 에브라임과 이스라엘 대신 각자 자신의 이름을 넣어 읽어 보라. 불가항력적으로 타오르는 사랑의 힘에 짐짓 무너져 내리는 하나님이 복음의 핵심이다.

***

오랜 세월 후 한 사도가 하나님의 반응을 좀 더 분석적인 용어로 설명하게 된다. "그러나 죄가 더한 곳에 은혜가 더욱 넘쳤나니"(롬 5:20). 바울은 하나님의 은혜가 자격 없이 거저 주어진다는 것과, 주도권이 우리가 아니라 하나님께 있다는 사실을 누구보다 잘 알았다. 다마스쿠스로 가는 도중 땅에 엎드러진 그는 은혜의 충격에서 영영 헤어나지 못했다. 그의 편지마다 두 문장이 채 못 되어 어김없이 등장하는 단어는 은혜다. 프레드릭 비크너(Frederick Buechner)는 말했다. "은혜는 그가 빌어 줄 수 있는 최고의 복이다. 자신이 받은 최고의 선물이 은혜이기 때문이다."[4]

바울이 귀가 따갑도록 은혜를 이야기한 것은 우리가 자기 힘으로 하나님의 사랑을 얻었다고 믿을 때 어떤 결과가 올지 잘 알았기 때문이다. 하나님께 큰 죄를 짓거나 뚜렷한 이유

없이 하나님의 사랑이 느껴지지 않아 어두운 시기라도 지나게 되면, 우리가 선 땅은 못내 불안할 것이다. 하나님이 내 실상을 알면 사랑을 거두실지도 모른다는 두려움이 들 것이다. 한때 자신을 "죄인 중에 괴수"라 부른 바울은 하나님이 사람을 사랑하시는 것은 우리의 모습 때문이 아니라 하나님 자신을 인한 것임을 분명히 알았다.

용서의 스캔들을 명확하게 깨달은 바울은 하나님이 어떻게 인간과 화목케 되셨는지를 설명하기 위해 애썼다. 은혜는 불의에는 마땅히 대가가 따라야 한다는 만인의 본성에 어긋나기 때문에 우리를 당혹스럽게 한다. 살인자를 무죄 방면할 수는 없다. 아동 학대자가 어깨를 으쓱이며 "기분 내키는 대로 했다"고 말하면 그걸로 끝인가? 이런 반론을 예상한 바울은 대가가 이미 하나님 자신에 의해 지불되었음을 강조했다. 하나님은 인류를 버리시기보다는 그 아들을 버리셨다.

은혜란 받는 이에게는 값없는 것이지만 주는 이에게는 모든 소유가 들어가는 것이다. 하나님의 은혜는 맘씨 좋은 할아버지의 '선심' 정도가 아니다. 갈보리에서 엄청난 대가를 치르셨기 때문이다. 도로시 세이어즈(Dorothy Sayers)는 말했다. "진정한 법칙은 오직 하나뿐이다. 바로 우주의 법칙이다. 이 법칙은 심판이나 은혜의 방법으로 충족될 수 있는데, 무엇으로든 **반드시** 충족되어야 한다."[5] 예수님은 친히 그 몸으로 심판을 받으사 이 법칙을 충족시키셨다. 그렇게 해서 하나님은 용서의 방도를 찾으셨다.

영화 <마지막 황제>(The Last Emperor)를 보면 중국의 마지막 황제로 등극한 소년이 휘하에 수천 명의 내시를 거느리고 호화롭게 살아간다. 한번은 동생이 황제가 잘못하면 어떻게 되느냐고 묻자 소년 황제는 "내가 잘못하면 딴 사람이 벌을 받지"라고 말한다. 시범을 보이려고 단지를 깨뜨리자 정말 신하 하나가 매를 맞는다. 예수님은 이 순서를 뒤집으셨다. 종이 잘못하면 왕이 벌을 받는다. 이것이 기독교 신학이다. 은혜란 주는 이가 스스로 값을 치렀기에 값이 없는 것이다.

***

유명한 신학자 칼 바르트가 시카고 대학교를 방문하자 학생들과 학자들이 주위에 모여들었다. "바르트 박사님, 지금까지 연구를 통해 배운 가장 심오한 진리는 무엇입니까?" 기자 회견 때 누군가가 묻자 바르트는 주저 없이 답했다. "예수 사랑하심은 거룩하신 말일세." 나도 칼 바르트의 말에 공감한다.

그런데도 내 힘으로 그 사랑을 얻으려는 것처럼 행동할 때가 왜 그렇게 많을까? 그냥 받아들이는 게 왜 그리도 힘들까?

AA(Alchoholics Anonymous, 알코올 중독자 치료 모임) 설립자 밥 스미스(Bob Smith) 박사와 빌 윌슨(Bill Wilson)은 12단계 프로그램을 만들고 나서 곧바로 빌이라는 사람을 찾았다. 그는 유명한 변호사로 6개월 동안 중독자 치료 프로그램을 여덟 가지나 시도해 보았지만 다 실패한 사람이다. 간호사들을 괴롭힌 벌로 병원 침대에 묶인 빌은 어쩔 수 없이 두 사람의 말을 들을 수밖에 없었다. 두 사람은 자신들이 중독된 사연과 함께 최근 하나님의 능력을 믿고 희망을 찾은 이야기를 털어놓았다.[6]

하나님의 능력이라는 말이 나오자마자 빌은 쓸쓸히 고개를 저으며 말했다. "안 됩니다. 저는 너무 늦었습니다. 저야 아직도 하나님을 믿지만 하나님은 절대 저를 더는 믿지 않으실 겁니다."

빌이 말한 것은 우리도 가끔씩 느끼는 것이다. 계속되는 실패, 희망의 상실, 쓸모없는 기분에 짓눌릴 때면 우리는 은혜 불감증을 낳는 딱딱한 껍질 속으로 숨어든다. 부모의 학대를 못 이겨 남의 집에 입양된 아이가 자꾸만 제집으로 돌아가려 하는 것처럼 고집스레 은혜에 등을 돌리는 것이다.

잡지사 편집부의 거절 편지나 독자들의 비난 편지를 받는 기분을 나는 잘 안다. 인세 액수가 생각보다 많으면 좋아서 어쩔 줄 모르고 액수가 적으면 기분이 가라앉는 것도 잘 안다. 하루를 마감할 시점에 내 자아상이 그날 남들에게 무슨 말을 들었느냐에 따라 크게 달라지는 것도 잘 안다. 남들이 날 좋아하고 있나? 나는 사랑받는 존재인가? 친구들과 이웃들과 가족들의 답을 고대한다. 굶주린 자처럼 고대한다.

가뭄에 콩 나듯 어쩌다 한 번은 은혜의 진리를 느낄 때도 있다. 그럴 때는 비유를 공부해도 다 내 이야기같이 느껴진다. 목자가 양 떼를 두고 찾아 나선 양도 나, 아버지가 동네 어귀에서 기다리던 탕자도 나, 빚을 탕감받은 종도 바로 나다. 나는 하나님이 사랑하시는 자다.

얼마 전 친구에게서 엽서 한 장을 받았다. "나는 예수님이 사랑하시는 자." 이렇게 딱 네 단어만 적혀 있었다. 발신인 주소를 보니 웃음이 나왔다. 그는 이런 경건한 문구를 잘 만드는 좀 별난 친구였다. 그에게 전화를 했더니, 웬걸, 그 문구는 작가이자 강연가인 브레넌 매닝(Brennan Manning)의 것이라 했다. 매닝이 어느 세미나에서 예수님의 가장 절친한 친구였던 제자 요한을 두고 한 말로, 복음서는 그를 '예수님이 사랑하시는 자'라 밝히고 있다. 매닝은 말했다. "만일 누군가 요한에게 '당신 인생에서 가장 중요한 정체성은 무엇입니까?' 하고 묻는다면 그는 '나는 제자요 사도요 전도자요 복음서 저자입니다'라고 하지 않고 '나는 예수님이 사랑하시는 자입니다' 하고 답할 것이다."

그렇다면 자문해 본다. 나도 내 인생에서 가장 중요한 정체성을 '예수님이 사랑하시는 자'로 볼 수 있다면 어떨까? 하루를 마감할 때 자신을 바라보는 눈이 얼마나 달라질까?

사회학에는 거울 자아 이론이라는 것이 있다. 이것은 내 인생에서 가장 중요한 사람(배우자, 부모, 상사 등)이 나를 어떻게 보느냐에 따라 정말 그대로 된다는 것이다. 하나님이 날 사랑하신다는 놀라운 성경 말씀을 진실로 믿는다면, 거울을 볼 때마다 하나님의 눈으로 나를 볼 수 있다면, 내 인생은 어떻게 달라질까?

브레넌 매닝의 글 중에 어느 아일랜드 신부의 이야기가 나온다. 하루는 이 신부가 걸어서 시골 교구를 심방하던 중 길가에 무릎을 꿇고 기도하는 한 노인을 만났다. 감동받은 신부가 그에게 말했다. "하나님과 매우 가까우신가 봅니다." 기도하다 말고 올려다본 그 노인은 잠깐 생각하는 듯하더니 웃으며 말했다. "그럼요, 그분이 저를 아주 좋아하시는 걸요."

***

신학자들은 하나님이 시간을 초월하여 존재하시는 분이라고 말한다. 예술가가 작업 재료를 선택하고 거기에 구속받지 않듯이 하나님도 시간을 지으셨다. 그분은 미래와 과거도 영원한 현재로 보신다. 신학자들이 하나님의 속성을 제대로 본 것이라면, 하나님이 나처럼 지조 없이 변덕스레 왔다 갔다 하는 사람을 어떻게 '사랑하는 자'라고 부르실 수 있는지도 이미 설명된 셈이다. 내 인생 그래프에서 하나님이 보시는 것은 들쭉날쭉 선악을 오가는 기복이 아니라 선으로만 향한 올곧은 직선이다. 하나님 아들의 선하심이 순간의 시점에 응집되어 영원토록 효력을 낸 것이다.

17세기 시인 존 던(John Dunn)은 이렇게 표현했다.

생명책에는 순결한 동정녀 마리아의 이름 바로 뒤에 창녀 막달라 마리아의 이름이 기록되고, 제 목숨을 건지기 위해 주님을 저주한 베드로에 이어 바로 그리스도를 대적한 바울의 이름이 나온다. 생명책은 한 단어 한 단어 한 줄 한 줄 차례로 써

나간 책이 아니라 전체가 한 면처럼 찍힌 책이다.[7]

나는 나의 선행과 악행을 저울로 달아 항상 미달점을 찾아내는 계산적인 하나님의 이미지를 간직한 채 자랐다. 비은혜의 냉혹한 율법을 기어코 깨뜨리시는 자비롭고 관대하신 하나님. 나는 어째서인지 복음서의 그 하나님을 모르고 살았다. 하나님은 그런 계산표를 다 찢으시고 충격과 반전으로 의외의 결말을 낳기에 으뜸인 단어인 **은혜**의 새로운 계산법을 도입하신다.

은혜는 나타나는 형태가 너무 다양해서 정의를 내리기가 쉽지 않다. 그럼에도 불구하고 하나님의 은혜에 대해 정의 비슷한 것을 시도해 볼까 한다. **은혜란 하나님의 사랑을 더 받기 위해 할 수 있는 일이 아무것도 없다는 뜻이다.** 신앙 훈련과 자기 부인에 아무리 힘써도, 신학교에서 배운 지식이 아무리 많아도, 의로운 싸움에 아무리 발벗고 나서도 다 소용없다. **은혜란 또 무엇으로도 하나님의 사랑을 약화시킬 수 없다는 뜻이다.** 인종 차별, 교만, 포르노, 간음, 심지어 살인죄를 지어도 별수 없다. 은혜란 하나님이 이미 우리를 무한히 사랑할 수 있는 만큼 사랑하고 계심을 뜻한다.

하나님의 사랑에 의심이 가고 하나님의 은혜에 회의가 드는 이들에게 한 가지 간단한 처방이 있다. 성경을 펴고 하나님이 사랑하시는 자들이 어떤 부류인지 보면 된다. 감히 하나님과 씨름으로 맞선 뒤 상처를 입고 평생 그 흔적을 안고 산 야곱. 그는 하나님의 백성, '이스라엘 자손'이라는 이름의 시조가 되었다. 성경에는, 간음한 자요 살인범이 구약의 가장 위대한 왕이요 '하나님의 마음에 합한 자'라는 명성을 얻은 기사도 있다. 예수님을 모른다고 저주하고 맹세한 제자가 교회 지도자가 되었는가 하면 그리스도인들을 잡아가던 무리에서 선교사로 뽑힌 사람도 있다. 국제사면위원회에서 오는 우편물을 보면 온갖 구타와 고문과 전기 충격을 받은 사람들의 사진이 실려 있다. 그 사진을 보노라면 '도대체 어떤 인간들이 같은 인간에게 이런 짓을 할 수 있을까?' 하는 의문이 든다. 그런데 똑같은 일을 했던 사람을 사도행전을 읽다 만난다. 그는 이제 은혜의 사도요 예수 그리스도의 종이요 역사상 가장 위대한 선교사가 된 사람이다. 하나님이 그런 사람도 사랑하실 수 있다면 어쩌면, 정말 어쩌면, 나 같은 자들도 사랑하실 수 있지 않겠는가?

나는 이러한 은혜의 정의를 완화할 수 없다. 성경은 은혜를 가능한 한 포괄적으로 정의하도록 요구하기 때문이다. 사도 베드로의 표현대로 하나님은 "모든 은혜의 하나님"(벧전 5:10)이시다. 은혜란 하나님이 나를 더 사랑하시게 하기 위해 내가 할 수 있는 일이 없으며 하나님이 나를 덜 사랑하시게 하기 위해 내가 할 수 있는 일도 없다는 것을 뜻한다. 그렇다면 전혀 자격 없는 나 같은 사람도 하나님의 집에 차려진 식탁의 한 자리로 초대받았다는 말이 된다.

4장

끊지 못한 사슬

데이지는 1898년 시카고의 한 노동자 계급 가정에서 10남매 중 여덟째로 태어났다. 아버지가 버는 돈은 온 식구를 먹여 살리기엔 턱없이 모자랐고 게다가 아버지가 술에 손을 대면서부터 돈은 더욱 부족했다. 이 글을 쓰는 지금 100회 생일을 눈앞에 둔 데이지는 당시를 회고하며 진저리를 친다. 아버지는 '못된 주정뱅이'였다고 한다. 아버지가 아직 아기였던 남동생과 여동생을 방바닥 저쪽 끝까지 걷어찰 때마다 데이지는 한쪽 구석에 웅크린 채 울음을 삼키곤 했다. 그녀는 아버지가 죽도록 미웠다.

하루는 아버지가 어머니더러 정오까지 집을 나가라고 엄포를 놓았다. "안 돼요. 가지 말아요!" 열 명의 아이가 전부 엄마를 에워싸고는 치맛자락을 붙잡고 울었다. 아버지는 물러나지 않았다. 데이지는 넘어질세라 언니 오빠들을 붙잡고 서서 창문 밖으로 어머니가 어깨를 축 늘어뜨린 채 양손에 가방을 들고 길가를 걸어 내려가는 모습을 지켜보았다. 어머니는 점점 작아지다 마침내 시야에서 사라졌다.

형제들 중 몇 명은 나중에 어머니와 함께 살았고 몇 명은 다른 친척들 집으로 갔다. 아버지와 사는 것은 데이지 몫이 되었다. 아버지가 가족에게 저지른 짓 때문에 데이지의 마음에는 증오와 원한이 사무쳤다. 아이들은 취직이나 입대로 모두 학교를 중퇴한 뒤 서서히 하나씩 다른 고장으로 떠났다. 결혼하고 가정을 이룬 그들은 과거를 잊으려 했다. 아버지는 어디론가 사라졌다. 어디로 갔는지 아무도 몰랐고 알려고 하지도 않았다.

세월이 흘러 모두 깜짝 놀랄 일이 생겼다. 아버지가 다시 나타난 것이다. 술을 끊었다고 했다. 술에 취해 추위에 떨며 거리를 방황하던 그는 어느 날 밤 구세군 구제 센터에 가게 되었다. 거기서는 식권을 타려면 먼저 예배에 참석해야 했다. 강사가 예수님을 영접할 사람이 있는지 묻자 그는 다른 취객들과 어울려 앞으로 나가 주는 게 예의라는 생각이 들었다. '회개 기도'가 정말 효력을 냈을 때는 누구보다 그 자신이 깜짝 놀랐다. 속에서 들끓던 사탄이 힘을 잃었다. 술이 번쩍 깼다. 그때부터 성경 공부와 기도를 시작했다. 난생 처음 사랑과 용납을 느꼈다. 깨끗해진 기분이었다.

그리고 이제 그는 자식들에게 용서를 빌려고 자식들을 일

일이 찾아다녔다고 말한다. 지난날에 대한 변명은 없었다. 과거를 돌이킬 수도 없었다. 그러나 그는 미안해했다. 자식들이 상상도 못할 정도로 미안해했다.

이제 저마다 가정을 이룬 중년의 자식들은 우선 의심부터 들었다. 금방 또 술을 찾겠지 싶어서 사실로 믿지 않은 사람도 있고, 돈이나 달라는 것이려니 생각한 사람도 있었다. 그러나 그런 일은 일어나지 않았고 결국 아버지는 자식들의 마음을 얻게 된다. 데이지만 빼고.

오래전 데이지는 아버지, 그의 표현대로라면 '그 남자'와는 평생 말을 하지 않기로 맹세한 바 있다. 아버지의 출현은 데이지의 심사를 마구 어지럽혀 놓았다. 밤에 침대에 누우면 아버지가 술에 취해 혈기를 부리던 오래전 기억들이 다시 봇물 터지듯 밀려왔다. '미안하다는 말 한마디로 다 되돌릴 순 없지.' 데이지는 이를 악물었다. 그 남자라면 상대하기도 싫었다.

비록 술에서는 손을 뗐지만 알코올은 아버지의 간을 치료할 수 없을 정도로 손상시켰다. 중병에 걸린 아버지는 마지막 5년을 데이지의 언니 집에서 지냈다. 사실 그 집은 같은 연립주택 단지 내에 있는 데이지 집과는 여덟 집밖에 떨어져 있지 않았다. 장 보러 갈 때나 버스를 탈 때면 언니 집을 꼭 지나야

함에도 불구하고 데이지는 자신이 했던 다짐을 지키려고 단 한 번도 죽어 가는 아버지를 들여다보지 않았다.

데이지는 그래도 자기 아이들에게는 할아버지를 찾아가도 좋다고 허락해 주었다. 임종 직전 아버지는 한 여자아이가 방문을 열고 들어오는 것을 보고는 꼭 끌어안고 흐느끼며 말했다. "오, 데이지, 데이지. 끝내 와 주었구나." 방 안의 사람들은 그 아이가 데이지가 아니라 데이지의 딸 마거릿이라는 것을 차마 말해 줄 수 없었다. 그는 은혜의 환영을 보고 있었다.

***

데이지는 평생 아버지처럼 되지 않으리라 다짐해 왔다. 사실 술이라고는 한 방울도 입에 대지 않았다. 그러나 그녀는 집안을 난폭하게 다스렸다. 어린 시절 겪은 아버지의 난폭함이 조금 순한 형태로 나타난 것뿐이었다. 그녀는 걸핏하면 이마에 얼음주머니를 대고 소파에 누워 아이들에게 "입 닥쳐!" 하고 큰소리를 치기 일쑤였다.

"어쩌다 이런 바보 같은 자식들이 나왔나? 내 인생을 망쳐 놓은 것들!"이라고 고함을 질러 댔다. 대공황이 찾아오자 아이들 하나하나가 그저 풀칠해야 할 입으로밖에 보이지 않았다. 그녀는 여섯 아이를, 지금 살고 있는 방 두 칸짜리 연립 주택에서 그렇게 키웠다. 공간이 좁은 만큼 아이들은 늘 천덕꾸러기 신세였다. 자신한테 들키지 않았지만 아이들이 잘못한 것을 다 알고 있다면서 단지 그 이유를 밝히기 위해 여섯 아이 모두에게 매를 휘두른 밤도 있었다.

이렇게 지독한 데이지는 이제껏 사과한 적도, 용서한 적도 없다. 딸 마거릿은 어렸을 때 자기가 뭔가 잘못한 일이 있어 엄마한테 울며 사과하러 간 적이 있다고 한다. 그때 데이지는 빠져나갈 틈도 주지 않고 딸을 궁지로 몰아세웠다. "잘못했다는 게 말이나 돼! 잘못인 줄 알면 아예 처음부터 안 했으면 될 거 아냐!"

나는 마거릿도 잘 안다. 마거릿에게서 그런 비은혜의 일화를 많이 들었다. 마거릿은 평생 자기 어머니 데이지와는 다르게 살리라 다짐했었다. 그러나 마거릿의 삶에도 크고 작은 비극이 있었다. 네 자녀가 사춘기에 이르자 마거릿은 더 이상 아이들이 통제되지 않는 것만 같았다. 마거릿 역시 얼음주머니를 이마에 대고 소파에 누워 "입 닥쳐!" 하고 큰소리를 치고 싶었다. 마거릿 역시 이유도 없이 혹은 화풀이로 아이들에게 매를 휘두르고 싶었다.

60년대에 16세가 된 아들 마이클이 특히 마거릿의 성미를 건드렸다. 그는 로큰롤을 듣고 괴상한 안경을 쓰고 머리를 길렀다. 마거릿은 대마초를 피우다 들킨 아들을 쫓아냈고 마이클은 히피 소굴로 들어갔다. 마거릿은 계속 아들을 위협하고 윽박질렀다. 판사에게 마이클에 관해 알리기도 하고 유서에서 이름도 뺐다. 생각나는 일은 뭐든 다 해 봤지만 마이클은 아랑곳하지 않았다. 무슨 말을 해도 소용없었다. 드디어 어느 날 화가 머리끝까지 치민 마거릿은 마이클에게 "살아 생전 다시는 보고 싶지 않다"라고 쏘아붙였다. 그게 26년 전이었는데 그 뒤로 마거릿은 마이클을 보지 않았다.

마이클 역시 나랑 가까운 친구다. 나는 그 26년 동안 여러 차례 두 사람을 화해시키려 해 보았으나 매번 끔찍한 비용서의 위력에 부딪혔을 뿐이다. 한번은 마거릿에게 지금까지 아들에게 한 말 중 후회되는 것은 없는지, 혹시라도 돌이키고 싶은 것은 없는지 물었더니 그녀는 마치 내가 마이클이라도 되는 양 노발대발 화를 내며 매섭게 눈을 치켜뜨고 말했다. "그렇게 못된 짓만 하고 다니는 놈을 하나님이 왜 진작 데려가지 않으셨는지 알다가도 모르겠다고요!"

나는 뻔뻔할 정도로 분노를 표하는 그녀에게 한 대 얻어

맞은 것 같았다. 잠시 마거릿을 쳐다보았다. 그녀는 양손을 움켜쥐고 있었으며 얼굴은 발갛게 달아올라 있었다. 눈가의 가느다란 힘줄이 경련을 일으키고 있었다. 나는 다시 물었다. "정말로 아드님이 죽고 없었으면 좋겠다는 말인가요?" 마거릿은 답이 없었다.

마이클은 환각제 탓에 약간 둔해지긴 했지만 그래도 마약 소굴을 빠져나왔다. 그리고 하와이로 이사 가서 어떤 여자와 살다가 헤어지고 다시 다른 여자와 살다가 헤어진 뒤 또 다른 여자와 결혼했다. 내가 찾아갔을 때 그는 이런 말을 했다. "이 여자는 진짜예요. 이번에는 오래갈 겁니다."

그러나 오래가지 않았다. 언젠가 마이클과 통화하던 중 그에게 다른 전화가 걸려 와서 통화가 잠시 중단된 일이 생각난다. 통화 연결음이 들리자 마이클은 "잠깐만요" 하더니 내가 4분 이상 전화기를 들고 있게 만들었다. 다시 돌아와서는 미안해했다. 기분이 어두워져 있었다. "그 여자예요. 이혼 관련 돈 문제로 최종 협의 중이거든요."

"아직도 서로 연락하는 줄 몰랐는데." 나는 대화를 이어 가려고 그렇게 말했다.

"연락은 무슨!" 잘라 말하는 음조가 꼭 그의 어머니 마거릿에게서 듣던 것과 흡사했다. "살아 있는 동안 그 여자를 다시는 보고 싶지 않습니다."

둘 다 한동안 말을 잇지 못했다. 그렇지 않아도 막 마거릿 이야기를 하고 있던 터라, 내 쪽에서 아무 말 안 했어도 마이클 스스로 자기 목소리에서 어머니의 말투를 간파한 듯했다. 마거릿의 말투는 다시 그 어머니 데이지의 것으로, 그것은 다시 거의 한 세기 전 시카고의 어느 연립 주택에서 벌어진 사건으로 훌쩍 거슬러 올라가는 것이다.

가족의 DNA에 암호화된 영적 결함처럼 비은혜는 끊어지지 않는 사슬처럼 대물림된다.

***

비은혜는 감지할 수 없는 독가스처럼 조용하지만 치명적이다. 아버지가 용서받지 못하고 죽는다. 어머니는 한때 자기 몸속에 품었던 아이에게 반평생 말을 하지 않는다. 세대에서 세대로 독소가 흘러든다.

마거릿은 날마다 성경을 공부하는 독실한 그리스도인인지라 한번은 일부러 탕자 비유 이야기를 꺼내 이렇게 물어보았다. "이 비유를 어떻게 보십니까? 용서의 메시지가 들리시나요?"

그 비유가 '잃어버린 동전' '잃은 양' '잃은 아들' 3부작 중 세 번째로 누가복음 15장에 나온다고 즉시 답하는 것으로 보아 그녀가 그 문제를 생각해 본 적이 있음이 분명했다. 그러면서 탕자 비유의 요지는 인간이 무생물(동전)과 동물(양)과 어떻게 다른지 보여 주는 것이라 했다. "인간은 자유 의지가 있지요. 도덕적 책임을 져야 해요. 그 아들도 무릎 꿇고 기어들어 와야 했어요. 회개해야 했지요. 그게 바로 예수님이 말하고자 하신 요점이었어요."

마거릿, 예수님의 요점은 그것이 아니었어요. 세 비유는 하나같이 찾는 이의 기쁨을 강조하고 있다. 탕자가 자유 의지로 집에 돌아온 것은 사실이나 이야기의 핵심은 분명 파격적인 용서를 통해 그의 아들에게 베푼 아버지의 무모한 사랑에 있다. "아직도 거리가 먼데 아버지가 그를 보고 측은히 여겨 달려가 목을 안고 입을 맞추니"(눅 15:20). 아들이 회개하려 하자 아버지는 준비된 대사를 막고 곧바로 잔치에 들어간다.

레바논의 한 선교사가 예수님 당시의 문화와 아주 비슷한 문화 속에 살면서 아직 한 번도 그 비유를 들어 본 적 없는 시골 사람들에게 이 비유를 들려준 적이 있다. "무엇이 눈에 띄나요?"라고 반응을 물었다.[1]

그들이 보기에 두 가지가 특이해 보였다. 첫째, 서둘러 유산을 요구한다는 것은 곧 아버지에게 빨리 죽었으면 좋겠다고 말하는 것이나 같다. 가장으로서 이런 모욕을 참거나 아들의 요구에 응하는 것이 그들로서는 상상이 되지 않았다. 둘째, 잃은 지 오랜 아들을 맞으러 아버지가 **달려갔다**는 대목이다. 중동에서 권위 있는 남자는 품위 있게 천천히 걷지 결코 뛰는 법이 없다. 비유에 나오는 아버지는 달려간다. 예수님의 청중도 분명 이 대목에 놀라움을 금치 못했을 것이다.

***

은혜는 불공평하다. 이는 은혜의 가장 어려운 부분 중 하나다. 아버지에게 끔찍한 일을 당한 딸이 수년이 지난 후 미안하다는 말 한마디에 아버지를 용서해야 한다는 것은 말도 안 되는 일이다. 사춘기 아들이 저지른 숱한 비행을 어머니가 너그럽게 봐주어야 한다는 것은 전적으로 부당한 일이다. 하지만 은혜는 공정성에 관한 문제가 아니다.

가정에서 일어나는 일은 종족, 인종, 국가에도 그대로 일어날 수 있다.

5장

비본성적 행위

가정, 국가, 기관 할 것 없이 비은혜는 상호 적대의 원인이 된다. 안타깝게도 그것이 우리 인간의 본성이다.

언젠가 애리조나주 투산 근처에 있는 유리로 밀폐된 생활공간에서 막 나온 두 명의 과학자와 함께 식사한 적이 있다. 2년간의 격리 실험에 남자 넷 여자 넷이 자원자로 나섰는데, 모두 과학자로 외부 세계와 단절되었을 때 겪을 난관을 충분히 인식한 뒤 심리 검사와 사전 준비를 거쳐 실험 공간에 들어갔다. 두 과학자의 말에 따르면 여덟 명의 '자원자'는 몇 달도 지나지 않아 네 명씩 두 그룹으로 나뉘어 실험 막바지에 이른 몇 달간은 양쪽이 서로 대화를 거부했다고 한다. 한 지붕 아래 여덟 명이 보이지 않는 비은혜의 벽을 두고 분단의 삶을 산 것이다.

레바논에 인질로 잡혔던 미국인 프랭크 리드는 동료 인질한 사람과 사소한 언쟁 후 끝까지 말을 안 하고 지냈다고 석방 시 털어놓았다. 인질로 잡혀 있는 동안 거의 내내 앙숙으로 지냈던 두 인질은 함께 묶여 있었다.

이렇듯 비은혜는 모녀간, 부자간, 형제간, 학자 간, 죄수 간, 인종 간의 틈을 벌려 놓는다. 이 틈은 내버려 두면 점점 넓어진다. 그렇게 생기는 비은혜의 간극에 유일한 처방은 오직 용서라는 가느다란 밧줄뿐이다.

***

한번은 말다툼 끝에 아내가 예리한 신학적 표현 하나를 만들어 냈다. 나의 단점을 놓고 한참 신랄하게 대화가 이어지던 중 불쑥 이런 말을 던진 것이다. "내가 당신의 비열한 행위를 그냥 용서해 주다니 정말 놀라운 일이군요!"

지금은 죄 이야기가 아니라 용서 이야기를 하고 있는 중이니 그 비열한 행위의 자세한 내막은 생략하기로 한다. 아내의 말이 인상 깊었던 것은 용서의 본질에 대한 날카로운 통찰 때문이다. 용서는 방향제 뿌리듯 세상에 흩뿌려지는 달콤한 관념적 이상이 아니다. 용서란 괴로우리만치 힘든 것이며 용서한 지 오랜 후에도 나의 비열한 행위로 인한 상처는 기억에 남는 법이다. 용서란 비본성적 행위이며, 아내는 그 노골적인 불공평함에 항변했던 것이다.

창세기에 나오는 한 이야기에도 똑같은 감정이 배어 있

다. 어릴 적 교회학교에서 이 이야기를 들을 때는 요셉이 형들과 화해하는 장면의 우여곡절을 미처 깨닫지 못했다. 요셉은 형들을 옥에 가두며 엄하게 대하다가도 슬픔을 이기지 못해 자리를 떠나 술 취한 사람마냥 엉엉 울었다. 곡식 자루에 돈을 숨기고 형 하나를 인질로 잡고 동생이 은잔을 훔친 것처럼 누명을 씌우는 등 술책도 썼다. 이러한 술책은 몇 달, 어쩌면 몇 년 동안 요셉의 자제력이 한계에 이를 때까지 계속되었다. 마침내 요셉은 형들을 불러들여 극적인 용서를 베푼다.

이제는 이 이야기가 용서라는 비본성적 행위를 사실적으로 묘사한 것으로 보인다. 요셉이 용서해야 했던 형들은 바로 요셉을 해코지하며 죽일 방법을 찾다가 노예로 팔아넘긴 자들이다. 그들 때문에 요셉은 한창 젊은 시절을 이집트 감옥에서 썩어야 했다. 이제는 모든 역경을 이겨 냈고 형들을 온 마음을 다해 용서하고 싶었지만 선뜻 행동이 나오지 않는다. 아직도 상처가 너무 아프기 때문이다.

"당신들의 비열한 행위를 그냥 용서해 주다니 정말 놀라운 일이군요!" 창세기 42-45장은 요셉이 그렇게 말한 것과 같다. 끝내 은혜가 요셉의 심령을 파고들자 그 사랑의 울음소리가 온 궁 안에 울려 퍼진다. "이 울음소리가 웬 것인고. 총리가 병이 났는가." 아니다. 요셉의 몸은 말짱했다. 그것은 한 남자가 용서하는 소리였다.

모든 용서의 행위 이면에는 배신의 상처가 도사리고 있다. 배신당한 아픔은 쉽게 사라지지 않는다. 레오 톨스토이는 결혼의 새 출발을 제대로 해 볼 심산에 10대 약혼녀에게 자기 일기장을 보여 주었다.[1] 일기장에는 자신의 이성 편력까지 세세히 적혀 있었다. 톨스토이는 과거를 씻고 용서받은 뒤 결혼하고 싶어서 소냐에게 아무것도 비밀로 하고 싶지 않았던 것이다. 그러나 톨스토이의 고백은 이들 부부 사이에 사랑 대신 증오의 씨앗을 뿌렸다.

"남편이 키스할 때마다 '이 남자가 처음 사랑한 여자는 내가 아니다'라는 생각이 든다." 소냐는 일기에 그렇게 썼다. 사춘기 비행 중 일부는 용서할 수 있었지만 지금도 농장에서 일하고 있는 소작농 악시냐와 나눈 정사는 용서할 수 없었다.

소냐는 자기 남편을 쏙 빼닮은 그 소작농 여자의 세 살 난 아들을 본 후 이렇게 썼다. "언젠가는 질투로 자살하고 말 것 같다. 남편을 죽였다 다시 똑같은 사람으로 되살려 낼 수만 있다면 기꺼이 그렇게 할 텐데."

1909년 1월 14일 일기에는 이런 말도 있다. "남편은 저 음

탕한 소작농 여자의 탄탄한 몸매와 그을린 다리를 은근히 즐기고 있고 여자도 옛날처럼 거리낌 없이 남편을 유혹하고 있다." 이것은 악시냐가 80대의 노쇠한 할머니가 됐을 때 쓴 것이다. 비용서와 질투가 반세기에 걸쳐 소냐의 눈을 멀게 하여 남편을 향한 사랑을 무참히 짓밟아 놓은 것이다.

이토록 악의적인 힘에 맞서 그리스도인은 어떻게 대응할 수 있는가? 용서란 본성을 거스르는 행위다. 소냐 톨스토이와 요셉과 내 아내가 본능적으로 이 사실을 보여 준다.

***

> 학교의 아이들이 다 배우고
> 나도 만인도 알고 있는 것,
> 누가 너에게 악을 행하면
> 너도 같이 악으로 갚으라.

이 시를 쓴 W. H. 오든(Auden)은 자연법칙에서는 용서를 허용하지 않는다는 것을 잘 알았다.[2] 다람쥐가 자기들을 쫓아 나무까지 올라오는 고양이를 용서하며 돌고래가 자기 친구를 먹어 치우는 상어를 용서하는 것을 본 적이 있는가? 세상은 용서하는 곳이 아니라 눈에는 눈으로 맞서는 곳이다. 인간의 주요 기관, 즉 금융이나 정치는 물론 체육 기관도 똑같이 가차없는 원리로 움직인다. "사실은 아웃이지만 당신의 심성이 본이 되므로 세이프로 해 준다." 이렇게 판정하는 심판은 없다. "귀국이 옳습니다. 우리가 귀국의 국경을 침범했습니다. 용서해 주시겠습니까?" 인접 교전국에 이러한 성명을 내놓을 나라가 어디 있겠는가?

용서란 받을 때도 왠지 떨떠름하다. 그래서 설사 내가 잘 못했어도 내 힘으로 피해자 측 마음을 사려 한다. 무릎으로 기고 엎드려 뒹굴고 고행에 나서고 어린양을 잡으려 한다. 그런 의무를 지우는 종교도 많다. 1077년 교황 그레고리우스 7세에게 용서를 빌기로 한 신성 로마 제국의 황제 하인리히 4세는 이탈리아 교황 숙소 밖에서 눈 속에 사흘을 맨발로 서 있었다. 아마도 황제는 용서의 성흔으로 발에 동상을 입고 흡족한 기분을 느끼며 돌아갔을 것이다.

엘리자베스 오코너(Elizabeth O'Connor)는 말한다. "용서에 대해 백 번 설교를 들어도 우리는 쉽게 용서하지 못하고 쉽게 용서받지도 못한다. 용서란 설교에서 말하는 것보다 항상 더 어렵다는 사실을 발견한다."[3] 우리는 상처를 거듭 되새긴다.

자기 행동을 장황하게 합리화한다. 집안싸움을 대물림한다. 자신을 벌하고 남을 벌한다. 이는 모두 용서라는 가장 비본성적인 행위를 외면하기 위한 것이다.

나는 영국의 배스에 갔을 때 억울함에 대한 좀 더 본성적인 반응을 볼 수 있었다. 고고학자들은 그곳 로마 유적지의 주석 혹은 청동 게시판에 라틴어로 갖가지 '욕'이 새겨져 있는 것을 발견했다. 현대인들이 행운을 빌며 분수에 동전을 던지듯, 수 세기 전에 목욕탕을 이용한 사람들은 목욕탕의 신에게 이런 저주의 기도를 올린 것이다. 자신의 동전 여섯 개를 훔친 자에게 피의 복수를 내려 달라고 여신에게 빈 사람도 있다. 또 이런 글귀도 있다. "도키메데스가 장갑을 잃어버렸나이다. 그 장갑을 훔쳐 간 사람은 신께서 지정하시는 성전에서 눈이 멀고 미치게 하여 주소서."

라틴어로 새겨진 글귀와 해석문을 읽노라니 그런 기도가 얼마든지 말이 된다는 생각이 들었다. 이 땅에 정의를 세우는 데 신의 힘을 빌리는 것이 잘못된 일인가? 시편에도 동일한 심정으로 세상의 불의에 대해 하나님의 신원을 간구하는 표현이 나온다. "주님, 저를 날씬하게 하실 수 없거든 제 친구들을 뚱뚱하게 만들어 주세요."[4] 희극 작가 어마 봄베크(Erma

Bombeck)는 한때 그렇게 기도했다고 한다. 이보다 더 인간적인 기도가 있을까?

그러나 예수님은 놀라운 반전으로 우리에게 "우리가 우리에게 죄 지은 자를 사하여 준 것같이 우리 죄를 사하여 주시옵고"(마 6:12)라고 기도하도록 가르치셨다. 친히 우리에게 반복하라고 명하신 주기도문 한가운데 용서라는 비본성적 행위가 자리 잡고 있다. 로마의 목욕탕 이용자들은 자기 신들에게 정의 실현에 앞장서 줄 것을 빌었다. 하지만 예수님은 불의한 행위를 용서하려는 우리의 의지를 하나님이 용서하시는 조건으로 달아 놓으셨다.

찰스 윌리엄스(Charles Williams)는 주기도문을 놓고 이렇게 말했다. "이 구절의 '같이'라는 짧은 단어보다 무서운 말은 없을 것이다."[5] '같이'가 왜 그렇게 무서운 말일까? 예수님은 하나님께 받는 용서와 남에게 베푸는 용서를 명백히 하나로 묶어 두셨기 때문이다. 이어지는 말씀이 그 점을 더욱 분명히 해 준다. "너희가 사람의 잘못을 용서하지 아니하면 너희 아버지께서도 너희 잘못을 용서하지 아니하시리라"(마 6:15). 정말 은혜가 시험대에 오른 것이다.

하나님과의 관계에서 비은혜의 쳇바퀴에 걸려드는 것은

배우자나 동업자를 상대로 걸려드는 것과는 전혀 다르다. 그런데 주기도문은 이 둘을 하나로 묶고 있다. 우리가 이웃을 용서하고 악순환을 끊어 새로 시작할 수 있을 때, 하나님도 우리를 용서하고 비은혜의 쳇바퀴를 멈추실 수 있는 것이다.

존 드라이든(John Dryden)은 정신을 번쩍 차리게 하는 이러한 진리의 효과를 다음과 같이 기록한 바 있다. "나를 비방하는 글들이 판치고 있다. 현재 살아 있는 그 누구도 나보다 심한 모략을 당하진 않았을 것이다." 그는 이렇게 항변하며 적을 맹렬히 공격할 준비를 했다. 그런데 "주기도문을 외울 때 종종 이런 생각에 전율하곤 한다. 우리가 간구하는 용서의 명백한 조건은 남들이 우리에게 저지른 죄를 용서하는 것이다. 내가 악명 높은 도발을 당하고도 잘못을 범하지 않은 경우가 많았던 것은 바로 그 이유 때문이었다."[6]

드라이든이 전율한 것은 당연하다. 비은혜의 법칙으로 움직이는 세상에서 예수님은 용서의 응답을 원하신다. 아니, 요구하신다. 용서의 필요는 너무나 절박해서 '종교상'의 의무보다도 앞서는 것이다. "그러므로 예물을 제단에 드리려다가 거기서 네 형제에게 원망들을 만한 일이 있는 것이 생각나거든 예물을 제단 앞에 두고 먼저 가서 형제와 화목하고 그 후에 와서 예물을 드리라"(마 5:23-24).

예수님은 용서할 줄 모르는 종의 비유를, 주인이 그 종을 옥졸들에게 넘기는 장면으로 끝맺으신다. 그리고 그분은 말씀하신다. "너희가 각각 마음으로부터 형제를 용서하지 아니하면 나의 하늘 아버지께서도 너희에게 이와 같이 하시리라"(마 18:35). 나는 이 말씀이 성경에 안 나오기를 진심으로 바란다. 그러나 이 말씀은 그리스도 자신의 입에서 나와 이렇게 버젓이 성경에 적혀 있다. 하나님은 우리에게 엄중한 대리권을 맡기신 것이다. 우리는 남을 용서하지 않음으로써 사실상 그를 하나님의 용서에 합당치 못한 존재로 규정하게 되고 잇달아 자신까지 그런 존재가 되게 한다. 하나님의 용서는 신비한 방식으로 우리에게 달려 있다.

셰익스피어는 이것을 『베니스의 상인』(Merchant of Venice)에서 이렇게 간명히 표현했다. "자비라고는 하나도 베풀지 않으면서 네가 어찌 자비를 바라겠느냐?"

***

작가이자 강연가인 토니 캠폴로(Tony Campolo)는 이따금 일반 대학교 학생들에게 예수님에 대해 아는 것이 있는지 물어본다. 그들이 예수님의 말씀을 기억해 낼 수 있을까? 이구동성으로 나오는 이야기는 "원수를 사랑하라"는 것이다. 비그리스도인들에게는 그리스도의 다른 어떤 가르침보다도 이것이 강하게 남아 있는 것이다. 사실 그러한 태도는 비본성적인 것이며, 자멸하는 길일 수도 있다. 요셉의 경우처럼 못된 형들을 용서하는 것만도 어려워 죽겠는데, 원수를? 뒷골목 암살 갱단을? 나라를 중독시키는 마약 밀매자를?

대부분의 윤리학자들은 용서란 자격 있는 사람만이 받을 수 있다고 말한 철학자 임마누엘 칸트의 주장에 동의할 것이다. 그러나 용서(forgive)라는 단어는 그 자체에 '주다'(give)라는 말이 들어 있다(용서의 또 다른 말 pardon에도 *donum*, 즉 선물이라는 말이 들어 있다). 용서에도 은혜처럼 무자격, 과분함, 불공평함이라는, 사람들을 격분시키는 특성이 있다.

하나님은 왜 우리에게 타고난 본능을 거스르는 비본성적 행위를 요구하시는 것일까? 용서가 신앙의 중심이 될 정도로 그렇게 중요한 까닭은 무엇인가? 나는 용서받은 건 많되 용서하는 데는 인색한 자로서 경험상 몇 가지 이유를 들 수 있다. 첫째는 신학적인 것이다.

신학적 측면에서 하나님이 우리에게 용서를 명하시는 이

유는 복음서에 간단히 답이 나와 있다. 하나님이 그러한 분이시기 때문이다. "원수를 사랑하라"라는 명령을 처음 주시던 날 예수님은 그 근거로 이런 말씀을 덧붙이셨다. "이같이 한즉 하늘에 계신 너희 아버지의 아들이 되리니 이는 하나님이 그 해를 악인과 선인에게 비추시며 비를 의로운 자와 불의한 자에게 내려주심이라"(마 5:45).

예수님은 친구나 가족은 누구나 사랑할 수 있다고 말씀하신다. "이방인들도 이같이 아니하느냐." 하늘 아버지의 자녀는 더 고귀한 법으로 부름받았다. 이는 용서하시는 아버지를 닮기 위함이다. 우리는 하나님을 닮고 그분의 가족 같은 존재가 되도록 부름받았다.

나치 독일의 핍박하에 "원수를 사랑하라"라는 계명과 씨름하던 디트리히 본회퍼(Dietrich Bonhoeffer)는 결국 그리스도인을 다른 사람들과 구별 짓는 것은 바로 이 '특이하고…비범하고 이례적인' 특성에 있다는 결론에 도달했다. 그는 나치 정권에 맞서 싸우면서도 "너희를 핍박하는 자를 위하여 기도하라"라는 예수님의 명령에 순종했다.

우리는 기도라는 매개체를 통해 적에게 다가가 곁에 서서 하나님께 그를 위해 간청한다. 예수님은 우리가 원수를 축복하고 선대했다고 해서 그들이 악한 핍박과 착취를 중단할 것이라고 약속하지 않으셨다. 그들은 분명 계속할 것이다. 그러나 아무리 그래도 우리를 다치게 하거나 이길 수는 없다. 우리가 그들을 위해 기도하고 있는 한…우리는 그들이 스스로 할 수 없는 일을 대신 해 주고 있는 것이다.[7]

본회퍼는 왜 자기를 핍박하는 자를 위해 기도하며 원수를 사랑하려 애쓴 것일까? 답은 하나뿐이다. "하나님은 원수를 사랑하신다. 예수님을 따르는 모든 사람이 알고 있듯 그것이 바로 그분의 영화로운 사랑이다." 하나님이 우리의 빚을 탕감해 주신다면 우리가 어찌 감히 그대로 따르지 않을 수 있겠는가?

용서할 줄 모르는 종의 비유가 또다시 떠오른다. 그 종은 동료의 몇 푼 되지 않는 빚에 얼마든지 화를 낼 권리가 있었다. 정의로운 로마법에 의해 동료를 감옥에 처넣을 권리도 있었다. 예수님은 종의 금전적 손실을 문제 삼으신 것이 아니라 그 손실을 이미 그에게 수십억대 큰 돈을 탕감해 주신 주인[하나님]에 빗대어 보셨을 뿐이다. 먼저 용서받은 경험이 있어야 남을 용서할 수 있는 법이다.

오랫동안 휘튼 대학 직원으로 일한 (지금은 작고한) 친구가 있었는데 그가 채플 시간에 들은 설교만 수천 편에 달했다. 설교들은 대부분 시간이 흐르면서 희미한 기억 속으로 사라졌지만 기억에 남는 것도 몇 편 있었다. 특히 그는 중국 선교사로 일했던 프린스턴 신학교 교수 새뮤얼 모팻(Samuel Moffat) 이야기를 즐겨 하곤 했다. 모팻은 휘튼 학생들에게 공산군에 쫓겨 도망치던 진땀 나는 이야기를 들려주었다. 공산군은 모팻의 집과 재산을 다 빼앗고 선교 본거지에 불을 지르고 가장 가까운 친구 몇 명을 죽였다. 모팻 가족은 가까스로 빠져나왔다. 모팻은 중국을 떠날 때 우두머리 마오쩌둥의 추종 세력에 대해 속에서 깊은 적개심이 부글부글 끓었다. 마침내 그는 신앙의 일대 위기에 부딪혔다. 그는 휘튼 학생들에게 말했다. "내가 공산군들을 용서하지 않는다면 내가 전할 메시지도 없다는 것을 깨달았습니다."

은혜의 복음은 용서로 시작해서 용서로 끝난다. 사람들이 "나 같은 죄인 살리신"(Amazing Grace) 같은 찬양을 만드는 것도 이유는 하나다. 세대를 타고 흐르는 구속(拘束)의 사슬을 끊을 강력한 힘은 온 세상에 오직 은혜밖에 없다. 오직 은혜만이 비은혜를 녹인다.

***

어느 주말 나는 저술가이자 정신과 의사인 스콧 펙(M. Scott Peck)이 이끄는 일종의 집단 상담에 열 명의 유대교인, 열 명의 그리스도인, 열 명의 이슬람교인과 함께 나란히 참석하게 되었다. 펙 박사는 그 주말이 공동체의 태동 내지는 작은 화해의 시발점이 되기를 바랐다. 그러나 결과는 그렇지 못했다. 교육도 받을 만큼 받은 지성인들 사이에서 거의 주먹다짐이 일어날 지경이었다. 유대교인들은 기독교가 자기들에게 저지른 악행을 줄줄이 읊었고, 이슬람교인들은 유대교가 자기들에게 저지른 악행을 늘어놓았다. 우리 그리스도인들은 우리 자신의 문제들을 이야기하려 했으나 그런 이야기는 나치 대학살, 팔레스타인 난민 참상 같은 이야기에 밀려 무색해지고 만 탓에 우리는 주로 옆으로 비켜나서 다른 두 그룹이 말하는 불의의 역사를 듣고만 있었다.

그러던 중 평소 아랍과 화해하려 적극 힘써 온 한 논리적인 유대교인 여성이 그리스도인들을 향해 이렇게 말했다. "우리 유대교도들은 당신네 그리스도인들로부터 용서에 대해 배울 게 많은 것 같아요. 용서 말고는 막다른 골목을 빠져나갈 길이 없어 보여요. 그래도 불의를 용서한다는 건 너무 불공평해 보입니다. 솔직히 용서와 정의 사이에 끼어 있는 느낌이 드네요."

그 주말을 회상하노라니 나치 학정을 고스란히 겪은 독일인 헬무트 틸리케(Helmut Thielicke)의 말이 떠오른다.

> 용서라는 일은 결코 간단한 것이 아니다.…우리는 이렇게 말한다. "좋아, 상대가 잘못을 알고 용서를 빌기만 한다면 다 용서하고 싸움을 끝내지." 우리는 용서를 상호성의 법칙으로 만든다. 그것은 곧 양쪽 모두 "저쪽에서 먼저 시작해야 돼" 하고 말하는 것과 같다. 그리고 상대방이 눈짓으로 무슨 신호라도 보내지 않는지 혹은 상대의 편지에 미안함을 표하는 작은 암시라도 없는지 매의 눈으로 살핀다. 나는 언제나 용서할 준비가 되어 있다.…그러나 정작 용서는 절대 하지 않는다. 그러기에는 내가 너무 옳은 것이다.[8]

틸리케는 하나님이 자기 죄를 용서하사 다시 기회를 주신 사실, 즉 용서할 줄 모르는 종 비유의 교훈을 깨닫는 것만이 유일한 답이었다고 결론짓는다. 비은혜의 사슬을 끊는다는 것은 곧 **주도권을 쥐고 행한다**는 말이다. 틸리케는 복수와 공평의 본성을 거슬러 상대가 먼저 나서기를 기다리는 대신 자기 편에서 먼저 시작해야 했다. 그것은 여태 자기가 설교는 했지만 실천은 하지 못했던 그 복음의 중심에 하나님의 주도권이 있었음을 깨달았을 때에만 가능한 일이었다.

예수님이 말씀하신 은혜의 비유 중심에는 우리를 향해 주도권을 쥐고 행하시는 하나님이 계신다. 탕자를 맞으러 달려 나가는 사랑에 애타는 아버지, 종이 갚기에는 너무나 큰 빚을 탕감해 주는 주인, 한 시간 동안 일한 품꾼을 종일 일한 사람과 똑같이 대우하는 고용주, 대로변 샛길가로 자격 없는 손님을 찾아 나서는 잔치 주인.

하나님은 친히 이 땅에 오셔서 우리에게서 십자가의 죽음이라는 최악의 대우를 당하신 뒤 그 잔혹 행위를 오히려 인간을 위한 구원의 길로 삼으심으로써 죄와 보복의 냉혹한 율법을 파하셨다. 정의와 용서 사이의 진퇴양난을 갈보리가 해결한 것이다. 예수님은 정의의 모든 혹독한 요구를 친히 그 무죄한 몸에 지심으로 비은혜의 사슬을 영원히 끊으셨다.

***

헬무트 틸리케처럼 나도 용서의 문을 걸어 잠근 채 보복의 가슴앓이로 뒷걸음질할 때가 너무 많다. '당한 건 난데 왜 내가 먼저 나서야 돼?' 그렇게 버티며 움직이지 않는다. 그러면 관계에 틈이 생긴다. 그리고 그 틈은 점점 더 벌어진다. 마침내 간극은 다시 메울 수 없을 정도로 커진다. 기분은 좋지 않지만, 내 탓으로 삼는 일은 드물다. 오히려 화해를 위해 취했던 작은 몸짓을 내세우며 자신을 정당화한다. 상대가 관계의 틈을 내 탓으로 돌릴 경우 자신을 변호할 셈으로 그런 시도를 일일이 심중에 적어 둔다. 은혜의 모험을 뒤로하고 비은혜의 안전으로 내닫는 것이다.

용서를 "사랑할 줄 모르는 이에게 베푸는 사랑"으로 정의한 헨리 나우웬은 그 과정을 이렇게 묘사한다.

말로는 종종 "용서합니다" 하면서 그 말을 하는 순간에도 마음에는 분노와 원한이 남아 있다. 여전히 내가 옳았다는 말을 듣고 싶고, 아직도 사과와 해명을 듣고 싶고, 끝까지 너그럽게 용서한 데 대한 칭찬을 돌려받는 만족감을 누리고 싶은 것이다.

그러나 하나님의 용서는 무조건적인 것이다. 그것은 아무것도 요구하지 않는 마음, 이기주의가 완전히 사라진 마음에서 나오는 것이다. 내가 일상생활에서 연습해야 할 것은 바로 이러한 하나님의 용서다. 그러려면 용서가 현명하지 못하고 건전하지 못하며 실효성이 없다는 나의 모든 주장을 이겨 내야 한다. 감사와 칭찬에 대한 모든 욕구를 넘어서야 한다. 끝으로, 아프고 억울한 가슴의 상처를 뛰어넘어, 나와 용서의 대상 사이에 몇 가지 단서를 달고 계속 통제권을 쥐고 싶은 마음을 벗어 버려야 한다.[9]

어느 날 나는 사도 바울이 로마서 12장의 다른 많은 권고 사이에 끼워 넣은 말씀을 새삼 깨달았다. 악을 미워하라, 기뻐하라, 서로 한마음이 되라, 자만하지 말라. 목록은 계속된다. 그러다가 이 구절이 나온다. "내 사랑하는 자들아, 너희가 친히 원수를 갚지 말고 하나님의 진노하심에 맡기라. 기록되었으되 원수 갚는 것이 내게 있으니 내가 갚으리라고 주께서 말씀하시니라"(롬 12:19).

마침내 깨달음이 왔다. 결국 용서란 믿음의 행위다. 남을 용서함으로써 하나님이 나보다 정의를 실현하는 데 뛰어난 분이심을 믿는 것이다. 용서함으로써 복수의 권리를 거두고 공평의 문제를 하나님께 처리하시도록 모두 넘겨 드리는 것이다. 정의와 자비 사이에서 균형을 이루어야 할 저울을 하나님 손에 놓아 드리는 것이다.

요셉이 마침내 형들을 용서하게 되었을 때에도 상처는 사라지지 않았지만 심판자가 되어야 할 부담은 벗었다. 용서한다고 과오가 사라지는 것은 아니지만 그 과오는 내게 미치는 영향력을 상실한 채 수습책을 아시는 하나님께 넘겨진다. 물론 이러한 결정에는 모험이 따른다. 하나님이 상대방을 내 바람대로 처리하지 않으실지도 모르는 일 아닌가. (일례로 선지자 요나는 하나님이 니느웨 사람들에게 과분한 자비를 베푸신 데 대해 원망했다.)

나는 용서가 결코 쉽지 않고 그것이 완전히 만족스럽다고 생각한 경우도 거의 없다. 불의는 끈질기게 남아 있고 상처는 여전히 고통을 유발한다. 오래전에 하나님께 맡긴 줄 알았던 문제의 잔재까지 모두 내어 맡기며 몇 번이고 계속 하나님께 나아가야 한다. 내가 그렇게 하며 사는 까닭은, 복음서에서 내가 나에게 죄지은 자를 사하여 주는 것같이 하나님이 내 죄를 사하여 주신다고 명백히 둘을 하나로 묶어 놓았기 때문이다. 반대 경우도 마찬가지다. 하나님의 은혜의 흐름 안에 살

때에만 다른 사람들에게 은혜로 응답할 힘을 얻을 수 있다.

인간과 전쟁을 끝내는 것은 하나님과 전쟁을 끝내는 것에 달려 있다.

6장

왜 용서인가?

제프리 다머가 옥사하던 주간에 나는 용서를 주제로 한 열띤 토론에 참여했다. 연쇄 살인범 다머는 열일곱 명의 젊은이를 욕보이고 살해한 뒤 시체를 토막 내서 냉장고에 넣어 두고 인육을 먹었던 사람이다. 그가 체포되자 밀워키 경찰서는 발칵 뒤집혔다. 경찰들이 한 베트남 소년의 필사적인 구조 요청을 무시한 사실이 밝혀졌기 때문이다. 그 소년은 벌거벗겨진 채 피 흘리며 어떻게든 다머의 아파트에서 달아나려 했으나 끝내 살해되어 그의 아파트에서 열한 구의 시체 중 하나로 발견되었다.

1994년 11월 다머는 동료 죄수가 휘두른 빗자루 손잡이에 맞아 죽었다. 그날 텔레비전 뉴스에는 다머의 피해자 유족들과의 인터뷰도 나왔는데, 대부분 그가 너무 일찍 죽었다며 다머의 피살을 못마땅해했다. 더 오래 살면서 자기가 저지른 악행을 떠올리며 고통당했어야 마땅하다는 것이었다.

그중 한 텔레비전 방송은 다머가 죽기 몇 주 전에 녹화한 프로그램을 내보냈다. 인터뷰하는 사람이 다머에게 어떻게 그런 범죄를 저지를 수 있었느냐고 묻자, 다머는 그때만 해도 하나님을 믿지 않았기 때문에 누구에게도 책임을 느끼지 못했다고 말했다. 처음엔 사소한 범죄로 시작해서 조금씩 잔혹한 행동을 실험해 보면서 점점 심해져 나중엔 걷잡을 수 없게 된 것이다. 어떤 것도 그를 구속할 수 없었다.

다머는 이어 최근 회심하여 신앙을 갖게 된 일을 털어놓았다. 교도소 욕조 안에서 세례를 받은 그는 인근 그리스도의 교회 목사가 준 신앙 서적을 읽는 데 전념하고 있었다. 교도소 담당 목사와의 인터뷰로 화면이 바뀌자 목사는 다머가 진심으로 회개했으며 지금은 가장 신실한 신도 중 하나가 되었다고 힘주어 말했다.

소그룹 토론은 다머의 피살 뉴스만 본 사람과 다머와의 인터뷰도 함께 본 사람으로 양분되는 경향을 보였다. 전자의 그룹은 다머를 괴물 취급하며 옥중 회심 따위는 깊이 고려하지 않았다. 유족들의 비통한 얼굴만 선명히 부각되었다. 어떤 사람은 대놓고 이렇게 말했다. "그 따위 악질 범죄는 절대 용서받을 수 없어요. 신앙도 진심일 수 없습니다."

반면 다머 인터뷰를 본 사람들은 반신반의했다. 다머의 범죄가 천하의 악질이라는 데는 이의가 없었지만 그래도 다머는 진심으로 회개하는 모습이었고 심지어 겸손해 보이기까지 했다. 토론은 결국 "세상에 용서받을 수 없는 사람이 있을까?" 하는 질문으로 귀착됐다. 답변은 많았지만 그날 저녁 편한 마음으로 자리를 뜬 사람은 아무도 없었다.

***

상대방의 미안하다는 말 한마디에 화해의 손을 내밀려면 어느 누구도 용서의 스캔들에 직면하지 않을 수 없다. 당한 사람은 나다. 용서하지 못할 이유는 얼마든지 찾아낼 수 있다. '저 사람은 뭔가 배워야 해. 무책임한 행동을 조장하고 싶진 않아. 한동안 속 좀 끓이게 내버려 둬. 본인한테도 이로울 거야. 행동에는 결과가 뒤따른다는 걸 배워야 해. 잘못한 건 저쪽이야. 내가 먼저 나설 일이 아니지. 잘못한 줄도 모르는 사람을 어떻게 용서해?' 나는 온갖 주장을 끌어다 대지만 곧 저항을 잠재울 어떤 계기가 생긴다. 마침내 용서를 허락할 정도로 마음이 누그러지면 그건 마치 항복처럼 보인다. 냉혹한 논리에서 나약한 감상으로의 도약이라 할까.

    왜 나는 그런 도약을 하는 것일까? 그리스도인으로서 용서하지 않을 수 없는 한 가지 요인은 이미 앞서 말한 바와 같다. 용서하시는 아버지의 자녀로서 그분과 똑같이 용서하라는 명령을 받은 것이다. 그러나 용서는 그리스도인들만의 전유물이 아니다. 그리스도인이든 불신자든 왜 우리는 이러한 비본성적 행위를 택하는 것일까? 최소한 세 가지 실제적 이유를 찾아볼 수 있다. 이 세 가지 이유는 생각하면 할수록 그 논리가 '어렵지만' 근본적인 것임을 절감하게 된다.

첫째, 용서만이 비은혜의 사슬을 끊고 비난과 고통의 악순환을 중단시킬 수 있다. 신약에 가장 빈번히 사용된 '용서'라는 헬라어 단어는 문자적으로 '자신을 풀어 주다, 멀리 놓아 주다, 자유케 하다'라는 뜻이다.

나는 용서가 불공평한 것임을 십분 인정한다. 업보설을 믿는 힌두교가 공평의 측면에서는 더 만족감을 준다. 힌두교 학자들은 한 사람의 의가 회복되는 데 정확히 얼마나 걸리는지 수학적으로 계산해 보았다. 이번 생과 다음 생에 걸쳐 나의 모든 불의에 상응하는 벌을 받으려면 680만 번의 윤회를 거쳐야 한다.

우리는 부부 관계 속에서 업보의 과정을 살짝 엿볼 수 있다. 고집 센 두 사람이 함께 살며 서로 신경을 건드린다. 감정의 줄다리기를 통한 세력 다툼이 그치지 않는다. 어느 날 한 사람이 말한다. "어떻게 자기 어머니 생일을 잊어버릴 수 있어요?"

"잠깐만, 날짜를 챙기는 건 당신 일 아닌가요?"

"뒤집어씌울 생각 말아요. 당신 어머니예요."

"그래서 지난주에 말했잖아요. 미리 말해 달라고. 왜 이야기 안 한 거요?"

"정신 나갔군요. 당신 어머니예요. 자기 어머니 생일 하나 기억 못해요?"

"왜 내가 기억해야죠? 그걸 알려 주는 게 당신 일인데."

언젠가 한쪽에서 "그만! 내가 먼저 사슬을 끊겠어요" 하고 말하지 않는 한 공허한 대화는 이를테면 680만 번의 주기를 돌 때까지 허튼소리만 발하고 있을 것이다. 사슬을 끊는 유일한 길은 용서다. "미안해요. 용서해 주겠어요?"

'원한'(resentment)이라는 단어는 사슬이 끊기지 않고 지속될 때 나타나는 현상을 잘 보여 준다. 문자적으로 그것은 '다시 느끼다'는 뜻이다. 상처가 영원히 아물지 못하도록 과거에 매달려 수없이 되뇌며 딱지가 앉기 무섭게 뜯어내는 것이 원한이다. 이 현상은 말할 것도 없이 지구 최초의 한 쌍으로부터 시작된 것이다. 마르틴 루터는 이렇게 말했다. "아담과 하와가 무려 900년 동안 주고받았을 말다툼을 생각해 보라. 하와는 '당신이 열매를 먹었어요' 했을 것이고 아담은 '그걸 당신이 나한테 줬잖아요' 하고 되받아쳤을 것이다."[1]

이러한 현상을 현대적 상황에서 보여 주는 노벨상 수상자들의 소설 두 편이 있다. 가브리엘 가르시아 마르케스(Gabriel García Márquez)는 『콜레라 시대의 사랑』(*Love in the Time of Cholera*)에서 비누 한 장 때문에 부부 사이가 붕괴되는 모습을 그려 냈다.[2] 욕실에 수건, 화장지, 비누를 챙기는 등 집안을 정돈하는 일은 아내 몫이었다. 어느 날 아내가 비누를 꺼내 놓는 것을 깜빡 잊자 남편은 단순한 실수를 과장해서 떠벌리고("비누 없이 목욕한 지 일주일이 다 돼 가") 아내는 이를 완강히 부인한다. 정말 깜빡 잊었던 것으로 판명되었는데도 아내는 자존심 때문에 호락호락 넘어가지 않는다. 이후 7개월 간 부부는 잠도 다른 방에서 자고 밥도 말 없이 먹는다.

마르케스는 이렇게 쓰고 있다. "나이 들어 잠잠해진 뒤로도 이들은 그때 일이 다시 입 밖에 나올까 봐 전전긍긍했다. 아물지 않은 상처에서 마치 어제 다친 것처럼 다시 피가 흐를 것을 알았던 것이다." 어떻게 부부 사이가 비누 한 장 때문에 무너질 수 있을까? "그만! 계속 이럴 순 없어요. 미안해요. 용서해 주세요." 어느 쪽에서도 그렇게 말하지 않았기 때문이다.

프랑수아 모리아크(François Mauriac)의 『독을 품은 뱀』(*The Knot of Vipers*)에는 결혼 생활 마지막 수십 년을 아내와 떨어져서 마룻바닥에 내려와 잤던 한 노인의 비슷한 사연이 나온다.[3] 수십 년이라니! 관계의 틈은 벌써 30년 전에 다섯 살 난 딸이 병들었을 때 남편이 충분한 관심을 보였느냐 아니냐를 두고 벌어진 것이다. 남편도 아내도 먼저 나설 마음이 전혀 없다. 밤마다 남편은 아내가 다가와 주기를 기다리지만 아내는 곁에 오지 않는다. 밤마다 아내는 남편이 다가와 주기를 기다리며 잠을 이루지 못하지만 남편은 보이지 않는다. 오래전 시작된 사슬을 누구도 끊으려 하지 않는다. 누구도 용서하지 않는다.

자신의 역기능 가정 이야기를 쓴 메리 카(Mary Karr)의 회고록 『거짓말쟁이 모임』(*The Liars' Club*)을 보면, 아내가 설탕을 사는 데 쓴 금액 때문에 부부 싸움을 한 뒤, 이혼은 안 했지만 40년간 아내와 말을 하지 않고 지낸 삼촌의 이야기가 나온다.[4] 어느 날 그는 통나무 자르는 톱으로 집을 정확히 이등분했다. 그리고 잘린 면에 널빤지를 대고 못을 박은 뒤 그중 하나를 너저분한 소나무 숲 뒤편의 같은 면적의 대지로 옮겼다. 남편과 아내 두 사람이 남은 여생을 반쪽으로 나뉜 집에서 산 것이다.

용서는 탈출구를 제공한다. 용서가 비난과 공정성에 대한 모든 문제를 해결하는 것은 아니며, 대부분의 경우 그러한 문제를 일부러 회피하는 경우가 많다. 하지만 관계를 다시 시작하고 새롭게 출발하는 것은 얼마든지 가능하다. 솔제니친은 바로 이 점이 인간이 동물과 다른 점이라 말했다. 사고력이 아니라 회개와 용서의 능력이 인간을 인간이 되게 한다. 냉혹한 본성의 법칙을 초월하는 가장 비본성적인 행위는 오직 인간만이 할 수 있다.

본성을 초월하지 못하면 스스로 용서하지 못하는 사람의 손아귀에 붙들려 노예가 된다. 이 원리는 상대방이 전적으로 잘못해서 내가 무죄할 경우에도 똑같이 적용된다. 아무리 죄가 없어도 상처를 떨치지 못하는 한 그 상처에 매이기 때문이다. 상처를 떨칠 수 있는 길은 용서뿐이다. 오스카 이후엘로스(Oscar Hijuelos)의 『아이브스 씨의 크리스마스』(Mr. Ives' Christmas)는, 어떤 남자가 자기 아들을 살해한 라틴계 범인에 대한 원한에 시달리다 못해 마침내 용서하게 된다는 통쾌한 소설이다. 아이브스 자신은 아무 잘못이 없었지만 아들의 죽음은 수십 년간 그를 정서적 감옥에 가두어 두었다.

가끔 상상의 나래를 펴서 용서 없는 세상을 그려 볼 때가 있다. 자식마다 부모에게 원한을 품고 집안마다 불화를 대물림한다면 어떻게 될까? 나는 이미 데이지, 마거릿, 마이클이 속한 한 집안을 괴롭혀 온 비은혜의 독소를 소개한 바 있다. 나는 이 세 사람을 각기 따로 잘 알고 존경하며 좋아한다. 그러나 유전자 암호가 거의 동일한 사람들임에도 불구하고 지금 이들은 한자리에 앉을 수 없다. 세 사람 다 내게 자신의 무죄를 호소했다. 그러나 비은혜의 결과, 무죄한 쪽도 함께 고통당한다. "살아생전 다시는 보고 싶지 않다!" 마거릿은 아들에게 소리쳤다. 그 바람은 그대로 이루어져 지금도 마거릿은 매일 고통을 맛보며 산다. 내 입에서 '마이클'이라는 단어가 나올 때마다 실눈을 뜨면서 턱이 뻣뻣해지는 모습에서 나는 그 고통을 볼 수 있다.

상상의 나래를 펼쳐 이번에는, 마치 역사의 모든 상처가 국가와 인종과 부족이 서로 부딪혀 생기기라도 하듯이, 옛 식민지마다 종주국에 원한을 품고 인종마다 타인종을 미워하고 부족마다 적과 싸우는 세상을 그려 본다. 이런 장면을 상상하면 마음이 우울해진다. 현존하는 역사와 너무 흡사하기 때문이다. 유대인 철학자 한나 아렌트(Hannah Arendt)의 말처럼 용서야말로 '불가역성의 곤경'으로부터 벗어날 수 있는 유일한 방법이다.

용서하지 않을 때 나는 과거의 감옥에 갇히며, 변화의 잠재력은 완전히 차단된다. 그것은 통제권을 타인, 즉 원수에게 내어 준 뒤 혼자서 과오의 결과를 맞이하는 운명을 자초하는 것이다. 어느 이민자 랍비로부터 이런 놀라운 고백을 들은 일이 있다. "미국에 오기 전에 아돌프 히틀러를 용서해야 했습니다. 새 나라에까지 히틀러를 품고 오고 싶지 않았습니다."

우리는 단지 더 높은 도덕 법칙을 성취하기 위해 용서하는 것이 아니다. 용서란 바로 자신을 위한 것이다. 루이스 스미디스(Lewis Smedes)의 말처럼, "용서로 치유되는 첫 번째이자 종종 유일한 사람은 바로 용서를 하는 사람이다.…진실된 용서는 포로에게 자유를 준다. 그러고 나면 자기가 풀어 준 포로가 바로 자신이었음을 깨닫게 된다."[5]

형들에게 마땅한 원한을 품었던 성경 속 요셉에게 용서는 눈물과 신음으로 터져 나왔다. 이것은 해산과도 같은 해방의 전조였다. 그 해산을 통해 요셉은 마침내 자유를 얻었다. 그는 아들의 이름을 므낫세라 지었다. 이는 '잊히게 하는 자'라는 뜻이다.

용서보다 어려운 게 딱 하나 있는데 바로 용서하지 않는 것이다.

***

용서의 두 번째 위력은 가해자가 겪는 죄책감의 중압을 덜어 주는 것이다.

죄책감은 아무리 억압해도 막을 수 없는 정신적으로 좀먹는 행위다. 헨리 알렉산더라는 KKK(Ku Klux Klam, 백인 우월주의를 내세우는 미국 극우 비밀 결사 조직 – 편집자 주) 단원이 1993년에 아내에게 죄를 고백했다. 그는 1957년에 다른 단원들과 함께 어느 아프리카계 흑인 트럭 운전사를 운전대에서 끌어내 급류가 흐르는 강 위에 있는 인적 드문 다리로 끌고 가 비명을 지르며 뛰어내려 죽게 했다. 알렉산더는 1976년 그 죄로 기소되었으나 무죄를 주장하다 백인 배심원 한 사람 덕에 풀려났다. 그를 법정에 세우는 데만 거의 20년이 걸렸다. 이후 36년간 무죄를 내세우던 그가 마침내 1993년에 아내에게 진상을 털어놓았다. "하나님이 나에 대해 어떤 계획을 품고 계신지 모르겠어요. 날 위해 뭐라고 기도해야 할지도 모르겠고요." 그리고 며칠 후 그는 죽었다.

알렉산더의 아내는 트럭 운전사의 미망인에게 사죄 편지를 보냈고 그 편지는 곧 「뉴욕 타임스」지에 소개되었다. "헨리는 평생 거짓말쟁이로 살았습니다. 그리고 나까지도 그렇게 살게 만들었습니다." 오랜 세월 아내는 남편의 무죄 항변을 그대로 믿었다. 남편은 조금도 후회하는 기색을 보이지 않았다. 죽기 직전에야 사실을 밝혔지만 공적 배상에 나서기엔 너무 늦었다. 그러나 그런 그도 여태 숨겨 온 무시무시한 죄책감을 무덤까지 품고 갈 수는 없었다. 36년간 강경하게 부인해 왔으나 그는 여전히 용서만이 줄 수 있는 해방이 필요했던 것이다.

또 다른 KKK 단원인 네브래스카주 링컨의 그랜드 드래곤 래리 트랩도 1992년 신문에 대서특필됐다. 인종 혐오를 청산하고 나치 깃발을 찢어 없애며 몇 상자나 되는 혐오 책자를 폐기한 것이다. 캐스린 와터슨(Kathryn Watterson)의 책 『검이 아니라』(Not by the Sword)에 나오는 것처럼 트랩은 어느 유대인 성악가 가족의 용서와 사랑에 굴복하고 말았다.[6] 트랩은 그들에게 유대인 대학살을 부인하고 코쟁이 유대인이라고 조롱하는 괴문서도 보냈을 뿐 아니라 집으로 전화를 걸어 폭력을 행사하겠다는 협박도 일삼고 유대교 성전을 폭탄의 과녁으로 삼기도 했다. 그러나 이 성악가 가족은 한결같이 그에게 긍휼과 관심을 베풀 뿐이었다. 어려서부터 당뇨가 있던 트랩은 휠체어를 타고 다녔고 빠른 속도로 시력을 잃어 갔다. 그러자 그 가족은 그를 집으로 불러 보살펴 주었다. "너무나 큰 사랑을 베풀어 주어 저도 사랑하지 않을 수 없었습니다." 후에 트랩은 이렇게 말했다. 그는 인생의 마지막 몇 달을 각종 유대인 단체와 미국 흑인 지위 향상 협회(National Association for the Advancement of Colored People)를 비롯하여 자기가 미워했던 숱한 이들에게 용서를 구하며 보냈다.

최근 몇 년간 전 세계 관객들은 뮤지컬 <레 미제라블>(Les Misérables)을 통해 무대에서 펼쳐지는 용서의 드라마를 지켜보았다. 이것은 광대하게 펼쳐지는 빅토르 위고(Victor Hugo)의 원작 소설 줄거리 그대로 평생 쫓겨 다니던 프랑스인 죄수 장 발장이 끝내 용서를 통해 새 사람이 된다는 내용의 뮤지컬이다.[7]

빵을 훔친 죄로 19년 중노동을 선고받은 장 발장은 점점 사나운 죄수가 되어 갔다. 주먹 싸움에서 그를 이길 사람이 없었다. 그의 의지를 꺾어 놓을 사람도 없었다. 드디어 출소

날이 왔다. 그러나 당시 죄수들은 신분증을 가지고 다녀야 했기에 어느 여관 주인도 이 위험한 전과자를 받으려 하지 않았다. 궂은 날씨에 묵을 곳을 찾아 나흘간 시골길을 헤매던 그에게 마침내 어느 친절한 주교가 자비를 베푼다.

그날 밤 장 발장은 편안하기 그지없는 침대에 가만히 누워 있다가 주교와 그 누이가 잠자리에 들자 침대에서 일어나 찬장을 뒤져 가족 은잔을 훔쳐서는 어둠 속으로 슬며시 달아난다.

이튿날 아침 경찰 세 명이 장 발장을 끌고 와 주교의 집 문을 두드린다. 훔친 은잔을 들고 달아나던 범인을 붙잡은 것이다. 그들은 이 악당을 평생 사슬에 묶어 놓을 태세였다.

그러나 주교의 반응은 누구도 예상하지 못한 것이었다. 특히 장 발장은 말할 것도 없다.

"다시 오셨군요!" 주교는 장 발장에게 큰 소리로 말했다. "참 다행입니다. 제가 촛대까지 드렸던 걸 잊어버리신 모양이죠? 그것도 은이라서 족히 200프랑은 나갈 겁니다. 깜박 잊고 놓고 가셨나요?"

장 발장은 눈이 휘둥그레졌다. 그저 말로 표현할 수 없는 심정을 눈빛에 담아 노주교를 쳐다볼 따름이었다.

주교는 경찰에게 장 발장은 도둑이 아니라고 했다. "이 은잔은 제가 그에게 선물로 준 겁니다."

경찰이 떠나자 주교는 이제는 아예 할 말을 잃은 채 떨고 있는 손님에게 촛대를 주며 말한다. "그 돈을 정직한 사람이 되는 데 쓰기로 저와 약속하신 것을 절대 잊지 마십시오. 잊으시면 안 됩니다."

인간의 모든 복수 본능을 넘어선 주교가 보이는 행동의 위력에 장 발장의 삶은 완전히 달라진다. 회개한 적도 없지만 용서에 정면으로 부딪히자 영혼의 철벽 방어망마저 눈 녹듯이 스러진 것이다. 촛대를 은혜의 소중한 상징물로 간직한 그는 어려운 이들을 돕는 데 여생을 바친다.

위고의 소설에는 실은 용서에 대한 두 가지 비유가 담겨 있다. 정의밖에 모르는 형사 자베르는 그 후 20년간 매몰차게 장 발장의 뒤를 밟는다. 장 발장이 용서받고 새 사람이 되자 그는 복수를 갈망한다. 쥐가 고양이한테 은혜를 베푼 것처럼 장 발장이 자베르의 목숨을 건져 주던 날 그는 자신의 흑백 논리 세계가 붕괴될 조짐을 느낀다. 모든 본능을 거스르는 은혜 앞에 속수무책인데다 자기 안에 그에 상응하는 용서가 없음을 안 그는 센 강 다리에서 몸을 던진다.

주교가 장 발장에게 베푼 것 같은 파격적인 용서는 가해자측의 변화를 가능하게 한다. 루이스 스미디스는 이 '영적 수술' 과정을 다음과 같이 상술했다.

> 용서한다는 것은 곧 잘못을 범한 사람에게서 그 잘못을 도려내는 것과 같다. 그 사람에게서 상처 입힌 행위를 분리시켜 그 사람을 재창조하는 것이다. 전에는 상대를 가해자로 못 박았으나 이제 그러한 생각에 변화가 생긴다. 내 기억 속에서 상대의 모습이 거듭나기 때문이다.
>
> 이제는 그 사람이 나에게 상처 입힌 자가 아니라 나를 필요로 하는 자로 보인다. 나를 밀쳐낸 자가 아니라 나에게 속한 자로 느껴진다. 전에는 상대를 악에 능한 자로 낙인찍었으나 이제는 그가 도움이 필요한 약자로 보인다. 과오를 범하여 내 과거에 아픔을 준 사람을 재창조함으로써 내 과거까지 재창조한 것이다.[8]

스미디스는 이어 여러 가지 주의 사항을 덧붙인다. 그에 따르면 용서란 그냥 눈감아 주는 것과는 다르다. 가해자를 용서하고도 그 잘못에 대해서는 정당한 처벌을 받게 할 수 있다. 그럴지라도 용서의 경지에 이를 수만 있다면 내 안에는 물론 내게 잘못을 범한 사람 속에도 그 치유의 힘이 흘러들게 되어 있다.

도심에서 사역하는 내 친구 하나가 회개하지 않은 자들을 용서하는 것이 과연 의미 있는 일인지 의문을 제기해 왔다. 그는 아동 학대, 마약, 폭력, 매춘 등 악의 결과를 날마다 보며 살고 있다. "잘못인 줄 알면서도 지적하지 않고 '용서'한다면 결국 난 뭘 하고 있는 거지? 사람을 자유케 하는 게 아니라 오히려 악을 조장하는 게 아닐까?" 그가 던진 물음이다.

친구는 자기가 접하는 사람들의 사연을 들려주었다. 과연 용서의 한계를 넘어선 것 같은 이들도 있었다. 그러나 나는 잘못을 인정하지도 않은 장 발장을 용서하던 주교의 감동적인 장면을 잊을 수 없다. 용서에는 법과 정의를 넘어서는 특별한 힘이 있다. 나는 『레 미제라블』을 읽기 전에 역시 프랑스 작가인 알렉상드르 뒤마(Alexandre Dumas)의 『몬테크리스토 백작』(*The Count of Monte Cristo*)을 읽은 적이 있다. 이는 한 피해자가 자기에게 누명을 씌운 네 사람에게 아주 절묘한 복수를 가한다는 내용이다. 뒤마의 소설이 정의감에 호소했다면 위고의 소설은 은혜를 일깨워 주었다.

정의에는 선하고 의롭고 합리적인 힘이 있다. 반면 은혜의 힘은 다르다. 은혜는 세속적이지 않으며 사람을 변화시키는 초자연적 힘이다. 로스앤젤레스 남부 폭동 때 구타당한 트럭 운전사 레지널드 데니가 이 은혜의 힘을 잘 보여 주었다. 두 남자가 벽돌로 트럭 유리창을 부수고 그를 운전석에서 끌어내 얼굴 한쪽이 움푹 파일 때까지 깨진 병으로 때리며 발길질을 하는 장면이 헬리콥터 비디오에 잡힌 것을 온 국민이 지켜보았다. 법정에서도 범인들은 전혀 뉘우치는 기색 없이 금방이라도 싸울 듯 고자세로 앉아 있었다. 전 세계 대중 매체가 지켜보는 가운데 아직도 부어올라 흉한 얼굴을 한 레지널드 데니가 변호인단의 만류를 뿌리치고 두 피고의 어머니들이 있는 곳으로 가서 그들을 껴안고는 자기는 두 사람을 용서했노라고 말했다. 그들은 데니를 끌어안았다. 한 어머니는 데니에게 사랑한다는 말까지 했다.

저만치 그 장면이 수갑을 차고 앉아 있는 두 냉담한 피고에게 어떤 영향을 미쳤는지는 모른다. 하지만 용서가, 아니 용서만이 그 가해자들의 마음을 녹일 수 있음을 분명히 안다.

동료나 아내가 조용히 나를 찾아와 교만과 고집으로 자백하지 못했던 내 잘못에 대해 용서를 베풀 때 그것이 내게 미칠 영향도 십분 알 것 같다.

자격 없이 거저 받는 용서는 구속을 끊고 죄책감이라는 무거운 짐을 날려 버린다. 신약에는 부활하신 예수님이 베드로의 손을 잡고 세 번에 걸친 용서 의식을 행하시는 장면이 나온다. 베드로는 평생 하나님의 아들을 배신한 죄책감에 사로잡힌 표정을 지으며 살 필요가 없었다. 천만의 말씀. 그리스도는 그렇게 변화된 죄인들을 기초로 그분의 교회를 세우실 것이다.

***

용서는 비난의 악순환을 끊고 죄책감의 중압을 덜어 준다. 용서하는 자를 가해자와 같은 편에 놓는 놀라운 연결을 통해 그 두 가지 일이 이루어진다. 우리는 용서를 통해 자신이 생각만큼 가해자와 다르지 않음을 깨닫게 된다. 시몬 베유(Simone Weil)는 말했다. "나라는 존재도 실은 생각과는 다른 모습이다. 그것을 아는 것이 용서다."[9]

제프리 다머 사건을 중심으로 용서에 대해 소그룹 토론을 벌인 이야기를 했다. 그런 토론이 흔히 그렇듯이 그날의 대화도 개인적인 사례를 벗어나 자꾸만 추상적이고 이론적인 쪽으로 겉돌았다. 다른 끔찍한 범죄들 이야기며 보스니아, 나치 대학살 이야기도 나왔다. 그러다 우연히 '이혼'이란 말이 나오자 레베카가 불쑥 입을 열어 다들 깜짝 놀랐다.

레베카는 조용한 여성으로 함께 모인 몇 주 동안 입을 여는 일이 거의 없었다. 그런데 이혼 이야기가 나오자 자청해서 자기 이야기를 털어놓았다. 레베카는 수련회 강사로 유명한 목사와 결혼했다. 그러나 알고 보니 남편에게도 추악한 면이 있었다. 포르노에 손을 댔고 타지로 출장을 가서 매춘부를 찾곤 했다. 그리고 이에 대해 레베카에게 용서를 구할 때도 있고 그렇지 않을 때도 있었다. 그러다 그는 레베카를 버리고 줄리안이라는 여자에게 갔다.

레베카는 목사의 아내로서 그런 모욕을 당하는 것이 말할 수 없이 괴로웠다. 남편을 존경하던 일부 교인들은 목사의 성적 타락이 마치 부인 탓이기라도 한 것처럼 레베카를 대했다. 레베카는 망연자실하여 점점 사람과의 접촉을 꺼리게 되었다. 다른 사람을 신뢰할 수 없었던 것이다. 남편을 마음속에서 떨치려 했지만 자녀 접견권 문제로 꾸준히 접해야 했기에 그것도 뜻대로 되지 않았다.

레베카는 자기가 전남편을 용서하지 않는 한, 복수의 응어리가 아이들에게까지 전해질 것 같은 생각이 강하게 들었다. 몇 달 동안 기도했다. 처음에는 기도도 시편의 어떤 기도처럼 복수심에 찬 듯했다. 하나님이 전남편에게 '받아 마땅한 것'을 주시기를 구했다. 그러나 결국은 그 '받아 마땅한 것'을 결정할 권한을 하나님께 맡길 수 있었다.

어느 날 밤 레베카는 전남편에게 전화를 걸어 떨리고 긴장된 목소리로 말했다. "당신이 한 일을 다 용서한다는 것을 말해 주고 싶었어요. 줄리안도 용서하겠어요." 그러나 그는 잘못을 인정하는 기색조차 없이 레베카의 말을 웃어넘겼다. 비록 상대가 받아들이지는 않았지만 그날의 통화는 레베카가 묵은 원한을 털어내는 데 도움이 됐다.

몇 년 후 레베카는 남편을 '훔쳤던' 여자 줄리안으로부터 이성을 잃은 듯한 전화 한 통을 받는다. 줄리안은 남편과 같이 미니애폴리스에서 열린 목회자 수련회에 참석 중이었는데, 남편이 잠깐 산책을 하고 온다며 호텔 방을 나간 지 몇 시간 후 남편이 매춘부를 찾아갔다 붙잡혔다는 경찰의 보고를 받게 된 것이다.

줄리안은 레베카와 통화하며 울고 있었다. "이제껏 당신 말을 믿지 않았어요. 설사 당신 말이 맞더라도 이제는 남편이 달라졌다고 애써 생각을 고쳐먹곤 했지요. 그런데 이럴 수가. 너무 창피하고 속상해요. 죄책감도 들고요. 세상에 누가 내 맘을 알아줄까요. 갑자기 당신이 우리를 용서한다고 말하던 그날 밤이 생각났어요. 어쩌면 당신은 내 심정을 이해할 수 있으리란 생각이 들더군요. 정말 염치없는 부탁인 줄 알지만, 찾아가서 이야기를 나눠도 될까요?"

어디서 그런 용기가 생겼을까. 바로 그날 저녁 레베카는 줄리안을 집으로 초대했다. 둘은 거실에 앉아 같이 울며 배신 당한 사연을 나눈 뒤 끝으로 함께 기도했다. 줄리안은 이제 그날 밤을 자기가 그리스도인이 된 순간이라고 말한다.

레베카가 사연을 털어놓는 동안 우리 그룹은 쥐 죽은 듯 조용했다. 레베카가 묘사한 용서는 추상적인 것이 아니라 도무지 이해할 수 없는 인간 사이의 연합이었다. 남편을 훔친 여자와 버림받은 아내가 거실 바닥에 나란히 무릎 꿇고 앉아 기도하고 있지 않은가.

레베카는 우리에게 말했다. "남편을 용서해 놓고도 오랫동안 왠지 나만 바보 같다는 기분이 들었어요. 그런데 그날 밤 용서의 열매를 알게 됐어요. 줄리안의 말이 맞았어요. 나는 줄리안의 심정을 이해할 수 있었죠. 그리고 나 역시 같은 일을 겪어 봤기에 줄리안의 적이 아니라 같은 편이 돼 줄 수 있었어요. 두 사람이 한 남자에게 배신당했으니까요. 그다음 내가 할 일은 줄리안에게 증오심과 복수심과 죄책감을 극복하는 법을 가르치는 일이었어요."

***

루이스 스미디스의 『용서의 미학』(Art of Forgiving)에는 성경 속 하나님의 용서에도 인간의 경우와 마찬가지로 점진적 단계가 있다는 인상적인 의견이 제시되어 있다. 첫 단계로 하나님은 죄로 인한 장벽을 제거하심으로써 죄인 속에서 인간의 가치를 되찾으신다. 그다음, 복수할 권리를 포기하시고 친히 그 몸으로 죗값을 치르신다. 끝으로 하나님은 우리를 '의롭다 칭할' 길을 찾으시며 우리를 향한 감정마저 좋게 바꾸신다. 우리를 보실 때 하나님의 형상이 회복된 자녀의 모습을 보시기 위함이다.

스미디스의 통찰을 묵상하다 보니, 하나님의 용서라는 은혜로운 기적은 하나님이 그리스도가 되어 이 땅에 오심으로

써 이루어진 연결 때문에 가능한 것이라는 생각이 든다. 하나님은 그토록 사랑하기 원하시는 피조물 인간과 어떻게든 손을 잡으셔야 했다. 문제는 방법이었다. 경험적으로, 하나님은 죄의 유혹을 받고 힘든 하루를 보낸다는 것이 어떤 것인지 잘 모르셨다. 그래서 그분은 이 땅에 오셔서 우리 가운데 사시면서 비로소 그것을 배우셨다. 직접 우리와 같은 입장이 되신 것이다.

히브리서에 이 성육신의 신비가 잘 나타나 있다. "우리에게 있는 대제사장은 우리의 연약함을 동정하지 못하실 이가 아니요 모든 일에 우리와 똑같이 시험을 받으신 이로되 죄는 없으시니라"(히 4:15). 고린도후서는 한 걸음 더 깊이 들어간다. "하나님이 죄를 알지도 못하신 이를 우리를 대신하여 죄로 삼으신 것은"(고후 5:21). 이보다 더 명쾌할 수 있을까! 하나님이 벌어진 틈을 메우셨다. 아예 우리 자리로 오신 것이다. 히브리서는 그렇기 때문에 예수님이 우리 입장을 아버지께 대변하실 수 있다고 말하고 있다. 이 땅에 와 보셨기에 모두 이해하시는 것이다.

복음서 기사로 보건대 용서는 하나님께도 쉽지 않았던 것으로 보인다. "만일 할 만하시거든 이 잔을 내게서 지나가게 하옵소서"(마 26:39). 예수님은 엄청난 대가를 생각하며 그렇게 기도하셨다. 땀방울이 핏방울처럼 굴러떨어졌다. 그러나 다른 길은 없었다. 이윽고 운명하기 전에 남기신 마지막 말씀 가운데 한마디. "저들을 사하여 주옵소서"(눅 23:34). 로마 병사들, 종교 지도자들, 어둠 속으로 달아난 제자들, 여러분, 나, 모든 사람들. "저들을 사하여 주옵소서. 자기들이 하는 것을 알지 못함이니이다." 하나님의 아들은 오직 인간이 되어 보심으로써만 진정으로 말씀하실 수 있었다. "자기들이 하는 것을 알지 못함이니이다." 우리 가운데 살아 보셨으므로 이제 이해하시는 것이다.

7장

복수

어느 날 나는 몇 년 전 읽었던 시몬 비젠탈(Simon Wiesenthal)의 『해바라기』(*The Sunflower*)를 다시 꺼내 들었다.[1] 이것은 금세기 가장 성공적인 '인종 청소' 작전 중 발생한 한 작은 사건을 다룬 책으로, 비젠탈이 나치 사냥꾼의 선두에 서서 증오 범죄에 대해 끊임없이 대중의 목소리를 대변하게 된 배경을 설명하는 데 상당한 도움을 제공한다. 책의 주제는 용서다. 나는 용서가 전 세계적으로 어떤 역할을 할 수 있는지 통찰을 얻고 싶어 이 책을 펼쳤다.

1944년 비젠탈은 폴란드의 젊은 나치 포로였다. 그는 나치 병사들이 자기 할머니를 집 계단에서 살해하고 어머니를 유대인 노파들이 꽉 들어찬 화물차에 강제로 처넣는 것을 무력하게 지켜보아야 했다. 유대인 친척 중 모두 89명이 나치의 손에 죽어 갔다. 비젠탈 자신도 처음 잡혔을 때 자살하려고 했으나 실패했다.

어느 밝고 쾌청한 날 비젠탈이 맡은 수용소 노역은 독일군 부상병 병원의 쓰레기를 치우는 일이었다. 그때 한 간호사가 비젠탈에게 다가와 머뭇머뭇 "유대인이세요?" 하고 묻더니 손짓으로 자기를 따라오라고 했다. 그는 불안한 마음으로 간호사를 따라 계단을 오르고 복도를 지나 곰팡이 냄새가 진동하는 어둠침침한 방으로 갔다. 거기에는 군인 하나가 붕대에 칭칭 감겨 누워 있었다. 남자의 얼굴은 입, 코, 귀 부분만 구멍이 뚫린 채 하얀 천으로 덮여 있었다.

간호사는 괴기스런 사람 옆에 젊은 포로만 혼자 두고 문을 닫고 가 버렸다. 부상병은 나치 친위대 장교로 임종 고백을 하려고 비젠탈을 부른 것이었다. "제 이름은 칼입니다." 붕대 속 어디선가 거친 목소리가 새어 나왔다. "당신한테 끔찍한 일을 털어놓아야겠습니다. 당신이 유대인이기 때문입니다."

칼은 가톨릭 집안에서 자라난 일을 회상하며 이야기를 시작했다. 그는 어렸을 때는 신앙이 있었으나 히틀러 청소년단 시절에 신앙을 잃어버렸다. 그 후 나치 친위대에 지원해서 뛰어난 성적으로 복무하다 최근 러시아 전방에서 중상을 입고 돌아왔다.

그가 자신의 이야기를 들려주려고 할 때 비젠탈은 세 번이나 뿌리치고 나오려 했다. 그때마다 장교는 핏기 없는 백짓장 같은 손을 뻗어 그의 팔을 붙들었다. 그리고 자기가 막 우크라이나에서 겪고 온 일을 꼭 들어 달라고 애원했다.

러시아군이 포기하고 퇴각한 드니프로페트로브스크 시내에서 칼의 부대는 위장 폭탄을 잘못 밟아 병사 30명을 잃었다. 나치 친위대는 이에 대한 복수로 유대인 300명을 끌어모아 삼층집에 몰아넣은 뒤 석유를 끼얹고 그곳에 수류탄을 퍼부었다. 칼은 탈출하려는 자들을 사살하기 위해 부하들과 함께 총을 뽑아 들고 집 둘레를 포위하고 있었다.

"집에서 나는 비명 소리는 정말 끔찍했습니다." 칼은 그 순간을 회상하며 말을 이었다. "어린아이를 안고 있는 남자가 보였습니다. 옷에 불이 붙어 있었습니다. 옆에 선 여자는 분명 그 아이 엄마였습니다. 남자는 한 손으로 아이의 눈을 가리고 바닥으로 뛰어내렸습니다. 몇 초 후 엄마도 따라 뛰었습니다. 다른 창문으로도 불붙은 사람들이 떨어져 내렸습니다. 우리는 쏘았습니다.…오, 하나님!"

시몬 비젠탈은 독일 군인이 말하도록 내버려 둔 채 시종 침묵을 지키며 앉아 있었다. 계속해서 다른 만행에 대한 이야기도 했지만 왠지 칼은 검은머리에 짙은 눈동자를 지닌 어린 소년이 친위대의 총알받이로 건물에서 뛰어내려 친위대의 사격 연습 과녁이 된 장면으로 연신 돌아가곤 했다. 마침내 그는 이렇게 말을 맺었다. "나는 여기 남겨져 죄책감에 시달리고 있습니다."

죽기 전 마지막 몇 시간 동안 당신은 나와 함께 있습니다. 나는 당신이 누군지 모릅니다. 유대인이란 것밖에 모르지만 그걸로 족합니다.

지금까지 한 이야기가 정말 끔찍한 일인 줄 나도 압니다. 죽음을 기다리는 기나긴 밤마다 유대인 한 사람에게 모든 걸 다 털어놓고 용서를 빌고 싶은 마음이 얼마나 간절했는지 모릅니다. 다만 아직도 살아 있는 유대인이 있을지 그걸 몰라서…. 당신께 너무 부담스러운 부탁이 되리란 걸 압니다만 당신의 답변 없이는 편히 죽을 수 없습니다.

20대 초에 건축가로 일하다 지금은 노란색 다윗의 별이 새겨진 허름한 제복을 입은 포로 신세가 된 시몬 비젠탈은 자기 민족에 대한 엄청난 압박감이 밀려드는 기분을 느꼈다. 창문을 통해 햇살이 비치는 안뜰을 내다보았다. 그러다 다시 침대에 누워 있는 눈 없는 붕대 더미를 쳐다보았다. 어디선가 냄새를 맡고 찾아온 금파리가 죽어 가는 남자의 몸 주위를 윙

윙거리며 나는 것이 보였다.

"마침내 나는 마음을 정하고 아무 말 없이 방을 나왔다." 비젠탈은 그렇게 쓰고 있다.

***

『해바라기』는 용서를 이론적인 것에서 끄집어내 현실 역사의 한복판에 내어놓는다. 내가 이 책을 다시 읽기로 한 것은 비젠탈이 직면했던 딜레마가 지금도 아프리카, 중동 등지에서 세계를 분열시키고 있는 도덕적 딜레마와 비슷한 점이 너무 많기 때문이다.

비젠탈의 책 전반부에는 내가 방금 요약한 이야기를 담고 있고, 후반부에는 그 이야기에 대한 아브라함 헤셸(Abraham Heschel), 마틴 마티(Martin Marty), 신시아 오지크(Cynthia Ozick), 가브리엘 마르셀, 자크 마리탱(Jacques Maritain), 헤르베르트 마르쿠제(Herbert Marcuse), 프리모 레비(Primo Levi) 등 명사들의 반응이 실려 있다. 결국 비젠탈은 자기 처사가 옳았는지 이 사람들에게 조언을 구했던 것이다.

나치 친위대원 칼은 유대인의 용서를 받지 못하고 곧 죽지만 시몬 비젠탈은 후에 미군의 도움으로 죽음의 수용소에서 해방을 맞는다. 그리고 그 병실에서의 장면은 유령처럼 그를 쫓아다녔다. 전쟁이 끝난 후 비젠탈은 혹시라도 그날의 기억을 떨쳐 버릴 수 있을까 싶어 슈투트가르트에 있는 그 장교의 어머니를 찾아갔다. 그러나 그 어머니가 아들의 신앙심 깊던 어린 시절을 부드럽게 이야기한 탓에 오히려 장교의 인간적인 모습만 더 부각되고 말았다. 비젠탈은 그 어머니에게 차마 아들의 마지막 순간을 들려줄 수 없었다.

여러 해에 걸쳐 비젠탈은 많은 랍비와 신부들에게 자기가 그때 어떻게 했어야 했는지 물었다. 마침내 전쟁이 끝난 지 20년도 더 지난 후, 그는 유대인, 비유대인, 가톨릭, 개신교인, 무종교인 가리지 않고 자기가 아는 윤리 분야 최고의 지성들에게 사연을 써 보내며 이렇게 물었다. "당신이 저라면 어떻게 하셨을까요?"

답장을 보낸 32명의 남녀 중 비젠탈이 그 독일인을 용서하지 않은 것이 잘못이라고 말한 사람은 여섯 명밖에 없었다. 그리스도인 두 명은 비젠탈의 지속적인 불편함을 용서를 통해서만 풀 수 있는 양심의 가책이라고 지적했다. 그중 한 명으로서 프랑스 레지스탕스에 가담했던 흑인은 이렇게 썼다. "용서를 거부하신 것도 이해는 갑니다. 성경에 나오는 옛 율

법의 정신에 부합하는 것이지요. 그러나 성경에는 새 율법이 있습니다. 그것은 바로 복음서에 나타난 그리스도의 법입니다. 한 사람의 그리스도인으로서 나는 당신이 용서했어야 한다고 봅니다."

모호한 태도를 취한 사람도 몇 명 있었으나 응답자 대부분은 잘한 일이라며 동조했다. 도덕적으로나 법적으로 무슨 권한이 있다고 남이 당한 범죄를 제삼자가 용서한단 말인가? 혹자는 드라이든의 시구를 인용하기도 했다. "용서의 권한은 피해자에게 속한 것."

유대계 응답자 중에는 나치의 범죄가 너무 극악무도해서 모든 용서의 가능성을 뛰어넘는 것이라 말한 이들도 꽤 있다. 미국인 저술가이자 교수 허버트 골드(Herbert Gold)는 잘라 말했다. "당대 독일인들에게 이 만행의 죄책은 너무 무거워 개인 차원의 반응은 정당하다고 할 수 없습니다." 한편 "고문과 학살을 당한 수백만의 무죄한 사람들이 살아 돌아오지 않는 한 나는 용서할 수 없습니다"라고 말한 이도 있다. 소설가 신시아 오지크는 한층 매섭게 나왔다. "그 친위대원 남자를 속죄받지 못하고 죽게 하십시오. 지옥에 가게 하십시오." 어떤 그리스도인 작가는 이렇게 고백하기도 했다. "나라면 침대에서 그 사람의 목을 졸랐을 겁니다."

 몇몇 평론가들은 용서라는 개념 전체에 의문을 제기했다. 한 교수는 용서를 연인들이 다툰 뒤에 다시 침대에 오르기 전에 행하는 관능적 쾌락 행위로 깎아내렸다. 대학살의 세계에 용서의 자리는 없으며, 용서해 보아야 사태는 으레 똑같이 반복되게 되어 있다는 것이다.

 내가 10년 전 『해바라기』를 처음 읽었을 때는 거의 천편일률적인 반응에 적잖이 놀랐었다. 나는 더 많은 그리스도인 신학자들이 자비에 대해 말하기를 기대했다. 그리고 이번에 비젠탈의 질문에 대한 설득력 있는 답변을 다시 읽었을 때는 끔찍하고 명확한 비용서의 논리에 깜짝 놀랐다. 살벌하기 짝이 없는 세상에서 용서란 참으로 부당하고 불공평하며 비합리적인 것으로 보인다. 물론 개인이나 가정은 용서를 배워야 한다. 좋다. 그러나 그 고매한 원리를 나치 독일 같은 사례에 어떻게 적용한단 말인가? 철학자 헤르베르트 마르쿠제의 말처럼, "신나게 죽이고 고문하다 때가 되면 간단히 잘못을 빌어 용서받는다는 것은 있을 수도 없고 있어서도 안 되는 일이다."

 복음서의 높은 윤리적 이상이 냉혹한 정치와 국제 외교의 세계로 옮겨 가기를 바란다는 것은 지나친 꿈일까? 복음서의 핵심이 바로 용서다. 용서처럼 미묘한 것이 그런 세계에서 살아남을 수 있을까? 세계 분쟁 지역의 끝없는 비보를 접하며 비젠탈의 책을 다시 읽노라니 그런 의문이 꼬리를 물었다.

내 유대인 친구들은 용서를 강조하는 기독교에 대해 감탄하곤 한다. 앞서 말했듯이 용서는 비은혜의 저항 세력을 무력하게 할 최강의 무기다. 그러나 금세기 초에 위대한 유대인 학자 조셉 클라우스너(Joseph Klausner)가 지적한 바와 같이 그리스도인들이 그런 이상을 강조하다 보면 다음과 같은 신랄한 비난에 부딪힐 소지가 있다.[2] 클라우스너는 "정치나 사회는 반대편 극단에서 야만적이고 세속적인 수준에 머물러 있는 반면, 종교는 가장 윤리적이고 이상적인 것만 부르짖고 있다"라고 말했다.

클라우스너는 예수님은 현실 세계에 통하지 않는 비현실적인 윤리를 가르쳤으며 기독교 역사에 나타난 실패들이 그 증거라고 주장했다. 그는 '기독교와 얼마든지 양립할 수 있었던' 스페인 종교 재판을 예로 들었다. 현대 비평가라면 거기다 유고슬라비아, 르완다는 물론 나치 독일의 예까지 늘어놓을 것이다. 세 분쟁 모두 소위 기독교 국가라는 곳에서 일어난 것이다.

그리스도인들이 사랑, 은혜, 용서를 강조하는 것이 다툼이 있는 가족이나 교회에서 만나는 소그룹 밖에서도 과연 효력이 있을까? 힘이 가장 중요한 세상에서 용서같이 고매한 이상은 수증기처럼 실속 없어 보일지 모른다. "교황에게 병력이 몇 사단이나 있느냐"라며 교회의 도덕적 권위를 비웃던 스탈린은 그 원리를 간파하고 있었다.

***

솔직히 내가 시몬 비젠탈의 자리에 있었다면 어떻게 반응했을지 나도 잘 모른다. 내가 피해자도 아닌데 죄를 용서할 수 있을까? 그래야 할까? 나치 친위대원 칼은 분명 진상을 털어놓고 잘못을 빌었다. 그러나 뉘른베르크나 슈투트가르트 법정에서 능글맞게 웃으며 한 줄로 늘어선 파렴치한 얼굴들은 어찌할 것인가? 비젠탈의 책에 나오는 그리스도인 응답자 중 한 사람인 마틴 마티는 이렇게 썼다. "저는 침묵으로 반응할 수밖에 없습니다. 향후 2천 년간 비유대인, 특히 그리스도인은 그 후손들에게 유대인 대학살 경험에 대해 충고를 하지 말아야 합니다. 그때 가서도 우리에겐 아무 할 말이 없을 것입니다." 나도 여기에 동의하고 싶은 유혹을 받는다.

그러면서도 인정하지 않을 수 없는 사실이 있다. 비용서를 지지하는 달변의 글들을 읽노라면 용서와 비용서 중 어느 쪽이 더 큰 대가를 치르는 것일까 하는 생각을 떨칠 수 없다. 허버트 골드는 "그[독일인의 죄]에 대한 개인 차원의 반응은 정당하다고 할 수 없습니다"라고 딱 잘라 말했다. 과연 그럴까? 그렇다면 살아 있는 모든 독일인을 복수로 처형하는 것은 정당하다고 할 수 있을까?

은혜를 지지하는 가장 강력한 논거는 바로 그 반대, 즉 비은혜의 세상이다. 용서를 떠받드는 가장 강력한 논거도 바로 그 반대, 즉 비용서가 영구적으로 지속되는 상태다. 유대인 대학살은 좀 특별한 경우였다고 치자. 그보다 현대에 발생한 또 다른 사례들은 어떤가? 수필가 랜스 모로우(Lance Morrow)의 지적처럼 비용서가 지배하는 곳에는 뉴턴 법칙이 작동한다. 모든 만행마다 그와 똑같은 역방향 만행이 뒤따라야 하는 것이다.

구 유고슬라비아를 분열시킨 사태에 대해 세르비아인으로 알려진 민족 집단을 만인이 비난하고 있다. (「타임」지가 객관성을 지켜야 할 뉴스 기사에서 세르비아인을 묘사하는 데 사용한 단어들을 보라. "보스니아 사태는 한마디로 추잡하고 야만적인 것이다. '인종 청소'의 더러운 정치적 이득을 노려 종족 간 편견을 조작하고 해묵은 혈통 싸움과 만행 선전을 일삼는 협잡꾼들과 냉소자들의 추태다.") 세상은 세르비아의 잔학성에 대해 의롭고 전적으로 타당한 혐오감에 사로잡힌 나머지 한 가지 사실을 간과하고 있다. 그것은 세르비아인들은 지금 비용서의 끔찍한 논리를 따르고 있을 뿐이라는 점이다.

시몬 비젠탈의 친척 89명의 목숨을 앗아가고 신시아 오지크나 헤르베르트 마르쿠제 같은 지식인들의 입에서 그토록 매몰찬 말이 나오게 한 정권인 나치 독일은 제2차 세계대전 당시 '인종 청소' 계획에 세르비아인을 포함시켰다. 1990년대 세르비아인들이 수만 명을 살상한 것은 사실이다. 그러나 나치가 발칸 반도를 점령했던 1940년대, 독일인과 크로아티아인들이 죽인 세르비아인, 집시, 유대인은 수십만에 달했다. 역사의 기억은 죽지 않는다. 전쟁 말기 독일의 신나치주의자들은 크로아티아와 동맹해서 싸우려고 자진해서 입대했고, 크로아티아군 부대는 나치 깃발과 구 크로아티아 파시즘 휘장을 뻔뻔스럽게 휘날리고 다녔다.

"다시는 그런 일이 없게 하자"(Never again)라는 나치 대학살 생존자들의 표어는 또한 세르비아인들로 하여금 유엔은 물론 사실상 전 세계에 반기를 들게 했다. 크로아티아인이 세르비아인 거주 지역을 통치하는 일이 다시는 없게 할 것이다. 이슬람교도가 통치하는 일도 다시는 없게 할 것이다. 이슬람교도와 벌인 마지막 전쟁 때문에 다섯 세기 동안이나 튀르키예의 지배를 받지 않았던가(역사적 관점에서 보면 이것은 미국이 존재해 온 시간의 두 배가 넘는 기간이다).

비용서의 논리로 볼 때 적을 치지 않는 것은 조상과 그들의 희생을 배반하는 것이 된다. 그러나 복수의 논리에는 한 가지 결정적인 약점이 있다. 숙원에는 결코 끝이 없다는 점이다. 튀르키예인들은 1389년 코소보 전쟁에서 복수했다. 크로아티아인들은 1940년대에 복수했다. 세르비아인들은 이제 우리 차례라고 말한다. 그러나 세르비아인들도 분명히 아는 것처럼 언젠가는 강간당하고 불구가 된 현재 피해자의 후손들이 지금 복수하는 이들에게 복수를 하려고 들고일어날 것이다. 들창문은 열려 있고 야생 박쥐들은 활개를 친다.

루이스 스미디스는 말한다.

> 복수심은 앙갚음하고 싶은 욕심이다. 상처받은 만큼 갚아 주고 싶은 불타는 욕망이다.···복수의 문제점은 원하는 바를 결

코 얻을 수 없다는 데 있다. 양편은 절대로 동점을 이룰 수 없다. 공평한 상태는 오지 않는다. 복수할 때마다 가동되는 연쇄반응은 항상 걷잡을 수 없이 치닫는다. 복수는 가해자와 피해자를 둘 다 고통의 에스컬레이터에 묶어 놓는다. 공평을 찾는 한, 둘 다 거기서 빠져나올 수 없다. 에스컬레이터는 멈추지 않고, 아무도 내려주지 않는다.[3]

용서란 정의상 불공평할 수 있지만, 최소한 복수의 악순환을 중단시킬 수 있는 방도를 제공한다. 이 글을 쓰는 지금도 중국과 대만, 인도와 파키스탄, 러시아와 체첸, 영국과 아일랜드, 특히 중동의 유대인과 아랍인 그리고 수니파와 시아파 사이에서는 폭력 사태가 벌어졌거나 그런 기운이 무르익어 있다. 모두 수십 년, 수백 년씩 거슬러 올라가는 분쟁이고 유대인과 아랍인의 경우는 수천 년에 달한다. 저마다 과거의 불의를 바로잡고 잘못된 인식을 바로잡기 위해 노력한다.

신학자 로마노 과르디니(Romano Guardini)는 복수에 집착하는 일의 치명적 약점을 이렇게 진단한다. "악과 복수, 습격과 역습, 공격과 방어에 얽혀 있는 한 끊임없이 새로운 악에 빠질 것이다.…용서만이 타인의 불의에서 우리를 자유롭게 한다."[4] 간디는 만인이 '눈에는 눈으로' 식의 정의 원리를 따른 다면 세상은 결국 다 눈멀고 말 것이라고 말했다.

비용서 법칙의 생생한 사례는 얼마든지 많다. 셰익스피어나 소포클레스의 역사 비극을 보면 무대에 시체가 넘쳐난다. 맥베스, 리처드 3세, 티투스 안드로니쿠스, 엘렉트라는 복수가 끝날 때까지 죽이고 또 죽여야 한다. 그리고 혹시 적 중에 누군가 살아남아 다시 복수를 가해 올지 모른다는 두려움 속에서 살아간다.

프랜시스 포드 코폴라(Francis Ford Coppola)의 3부작 <대부>(Godfather)와 클린트 이스트우드(Clint Eastwood)의 <용서받지 못한 자>(Unforgiven)도 똑같은 법칙을 보여 준다. 한편 런던 시내 쇼핑객들을 폭탄으로 날려 버린 IRA(아일랜드공화국군)에게도 이 법칙은 작동한다. 이 사건은 부분적으로 옛날 1649년에 아일랜드에 저질러진 만행 때문에 일어났는데 그것은 올리버 크롬웰(Oliver Cromwell)이 1641년에 당한 대학살을 복수하기 위해 내린 명령이었다. 인접국과 분쟁 중인 구소련 공화국들, 스리랑카, 알제리, 수단 등지에서도 이 법칙을 볼 수 있다.

아르메니아는 튀르키예를 향해 말한다. 우리에게 저지른

범죄를 인정하면 항공기 폭파와 외교관 암살을 중지하겠다. 그러나 튀르키예는 단호히 거부한다. 이란 인질 사태가 벌어졌을 때 어느 시점에서 이란 정부는 미국 대통령이 과거에 이란 국왕의 압제 정권을 지지한 데 대해 사과한다면 모든 인질을 해치지 않고 풀어 주겠다고 발표한 바 있다. 그러나 용서가 무엇인지도 알고 평화의 사절이라는 명성까지 얻은 거듭난 그리스도인 지미 카터는 이를 거부했다. 그는 사과는 없다고 말했다. 이는 미국의 국가적 명예가 걸린 문제였다.

***

"친절한 말에 총이 곁들여지면 친절한 말만 하는 것보다 소득이 크다는 것을 알았다." 존 딜린저(John Dillinger)의 말이다. 이는 오늘날 가난한 나라들이 왜 연소득의 절반에 달하는 돈을 무기에 소비하고 있는지 잘 설명해 준다. 타락한 세상에서는 힘이 있어야 통한다.

헬무트 틸리케가 독일 국교회에서 목사가 되어 처음 성경공부를 인도할 때의 일이다.[5] "하늘과 땅의 모든 권세를 내게 주셨으니"라는 예수님의 말씀을 온전히 믿었던 그는 당시 권력을 쥐고 있던 아돌프 히틀러도 하나님의 주권적인 손에 매달린 꼭두각시에 지나지 않음을 거듭 되새기곤 했다. 성경 공부를 위해 모인 사람은 할머니 두 사람과 약간 마비 증세가 있는 더 연로한 오르간 연주자가 전부였다. 마침 밖에서는 번쩍거리는 군화를 신은 히틀러 청소년단 대부대가 시가행진을 하고 있었다. "천국은 마치…겨자씨 한 알 같으니." 틸리케는 이 말씀을 떠올렸다.

밖에서는 군대가 무릎을 꼿꼿이 편 채 다리를 높이 들어 행군하는데 안에서는 성도 몇 명이 기도하는, 이 이미지가 내가 종종 느끼는 심정을 표현해 준다. 비은혜의 위력 앞에 배치된 믿음의 무기는 실로 무력해 보인다. 물매 하나로 핵탄두와 싸울 수 있을까?

그러나 역사는 은혜가 그 자체의 힘이 있음을 보여 준다. 위대한 지도자는 화해에 이르는 국가 분위기를 조성할 수 있다. 비은혜의 법에 맞서 가장 큰 값을 치른 사람들로 링컨, 간디, 마틴 루서 킹 주니어(Martin Luther King Jr.), 라빈, 사다트 등이 떠오른다. 이라크 통치자가 사담이 아니라 사다트였다면, 또한 발칸 반도의 폐허에서 링컨 같은 사람이 나왔다면 현대사는 얼마나 달라졌을까!

정치는 국경, 부, 범죄 등 외부적인 것을 다룬다. 반면 진정한 용서는 정치가 치료할 수 없는 인간 내면의 악을 다룬다. 지독한 악(인종 차별, 종족 혐오)은 공기로 전염되는 질병처럼 사회 구석구석 퍼져 나간다. 기침 한 번으로 버스에 탄 승객이 모두 감염되는 것이다. 그러나 약은 백신처럼 한 번에 한 사람씩 투여해야 한다. 은혜의 순간이 이르면 세계가 숨을 멈추고 말을 잊은 채 진정 용서가 약이라는 데 수긍하지 않을 수 없다.

1987년 벨파스트 서부 작은 마을에서 재향 군인의 날 전몰 장병을 추모하기 위해 모인 개신교 신자들 위로 아일랜드 공화국군(Irish Republican Army: IRA)이 던진 폭탄 하나가 떨어졌다. 11명이 죽고 63명이 다쳤다. 이 테러 행위가 다른 많은 테러보다 유독 깊은 인상을 남긴 것은 부상자 고든 윌슨(Gordon Wilson)의 반응 때문이다.[6] 그는 아일랜드에서 북아일랜드로 이민 와서 직물점을 하던 신앙심 깊은 감리교 신자였다. 폭탄이 터지자 윌슨은 스무 살 난 딸 마리와 함께 콘크리트 벽돌 더미 1.5미터 아래에 갇혔다. "아빠, 정말 사랑해요." 구조대를 기다리는 동안 아버지의 손을 꼭 쥐고 있던 딸이 마지막으로 남긴 말이다. 척추와 뇌에 중상을 입은 마리는 몇 시간 후 병원에서 숨졌다.

나중에 신문에 이런 글이 실렸다. "당시 정치가들이 한 말은 아무도 기억하지 않는다. 하지만 고든 윌슨의 말을 들은 사람은 누구도 그 고백을 평생 잊지 못할 것이다.…그의 은혜는 폭파범들의 파렴치한 변명을 압도했다." 윌슨은 병원 침대에 누워 이렇게 말했다. "딸을 잃었지만 원한은 없다. 상대를 욕한다고 마리 윌슨이 살아나지 않는다. 오늘 밤 그리고 매일 밤 나는 하나님께 기도할 것이다. 저들을 용서해 달라고."

딸이 마지막으로 남긴 말은 사랑의 말이었다. 고든 윌슨은 여생을 그 사랑을 좇아 살기로 다짐했다. "온 세계가 울었습니다." 그 주에 윌슨이 BBC 라디오에서 비슷한 인터뷰를 하던 중 어느 기자가 한 말이다.

퇴원 후 고든 윌슨은 개신교와 가톨릭 사이의 화해 운동을 펼쳤다. 폭탄 테러에 보복할 계획이었던 개신교 과격파도 윌슨의 명성 때문에 그런 행동이 정치적으로 어리석은 짓이라는 결론을 내렸다. 윌슨은 딸의 이야기를 책으로 펴내고, 폭력을 반대하는 강연을 다니며 '사랑이 중요하다'라는 말을 후렴처럼 반복했다. 그는 IRA를 만나 그들을 일일이 용서하며 무기를 내려놓을 것을 촉구했다. "당신들도 나처럼 사랑하는 이들을 잃었습니다. 이 정도로 충분합니다. 이만큼 피를 흘렸으면 그걸로 됐습니다."

아일랜드는 마침내 윌슨을 국회의원으로 선출하기에 이른다. 1995년에 윌슨이 죽자 아일랜드와 북아일랜드와 전 영국이 하나같이 남다른 은혜와 용서의 정신으로 유명해진 이 평범한 그리스도인 시민에게 깊은 예우를 표했다. 보복성 폭력과 대비된 그의 정신과, 평화를 심고자 했던 그의 삶은 수많은 평범한 이들이 갈망하던 평화의 상징이 되었다.

엘리자베스 오코너는 다음과 같이 말한다. "우리의 정신을 억압하고 정서적으로 해를 끼치며 온갖 방식으로 우리를 불리하게 만드는 자들을 축복한다는 것은 우리 평생 가장 특별한 일이다."[7]

요한 바오로 2세가 교황으로 재위하는 동안 또 한 편의 개인적인 용서의 드라마가 잠시나마 세상의 시선을 사로잡았다. 요한 바오로가 자신을 암살하려다가 실패한 청부 살인자 메흐메트 알리 아자를 만나러 로마 레비비아 감옥에 간 것이다. "당신을 용서합니다." 교황은 말했다.

깊이 감동한 듯 이 사건을 커버스토리로 다룬 「타임」지 기사에서 랜스 모로우는 이렇게 썼다. "요한 바오로는 인간 활동의 사적 차원과 공적 차원이 어떻게 도덕적 행위 안에 하나로 녹아들 수 있는지 보여 주었다.…요한 바오로는 거창한 문제도 실은 인간 가슴의 기본적인 감정, 즉 증오냐 사랑에 의해 결정되거나 적어도 영향을 받는다는 것을 널리 알리길 원했다." 모로우는 이어 밀라노의 한 신문에 실린 글을 인용했다. "우리 마음이 바뀌지 않는 한 전쟁, 기아, 불행, 인종 차별, 인권 탄압, 미사일 같은 것에서 벗어날 길은 없을 것이다."

모로우는 이렇게 덧붙였다.

레비비아에서 벌어진 장면에는 상징적 광채가 있다. 이는 근래 세상 사람들이 뉴스를 통해 접한 것들과 기막힌 대조를 이루며 빛을 발한다. 한동안 세간에는 역사의 궤도가 하향적이라는, 즉 세상이 무질서에서 더 큰 무질서로, 암흑이나 지구 최후의 화염으로 나아가고 있다는 회의가 짙었다. 그러나 레비비아의 상징적 광경은, 인간은 구원받을 수 있고 빛을 향해 나아갈 수 있다는 기독교의 메시지를 정확히 보여 주었다.[8]

요한 바오로의 행동은 어두침침한 배경으로 인해 한층 더 빛났다. 텅 빈 콘크리트 감방은 차가운 비용서의 법을 보여 주기에 완벽한 배경이었다. 암살자의 운명은 투옥이나 처형이지 용서받는 것이 아니다. 그러나 그 순간 용서의 메시지는 온 세상에 복수의 길이 아닌 변화의 길을 보여 주며 감옥 벽을 뚫고 퍼져 나갔다.

물론 교황은 먼 옛날 사람들에게 살해당하신 그분의 모범을 따르고 있었다. 유대의 엉터리 법정은 역사상 유일하게 완벽한 인간을 사형시킬 방도를 기어코 찾아내고 말았다. 그러나 십자가에서 예수님은 친히 역(逆) 선고를 통해 비용서의 법에 영원한 타격을 가하셨다. 분명 그분은 회개하지 않은 자들을 용서하셨다. "자기들이 하는 것을 알지 못함이니이다"(눅 23:34).

로마 병사, 빌라도, 헤롯, 산헤드린 공회는 모두 "주어진 일을 한 것뿐"이라고 말했다. 이는 훗날 아우슈비츠, 밀라이 양민 학살, 구소련 수용소 등을 설명하기 위해 사용되었던 궁색한 변명이다. 하지만 예수님은 제도의 껍데기를 벗겨 내고 인간의 심령에 말씀하셨다. 그들에게 무엇보다도 필요한 것은 용서였다. 죄의 구속을 믿는 우리는 예수님이 마지막 말씀을 하실 때 염두에 두셨던 이들이 단지 그 사형수들만은 아니었음을 잘 안다. 그분은 우리를 염두에 두셨다. 십자가에서, 오직 십자가로써만, 그분은 영원한 인과(因果)의 법칙에 종지부를 찍으셨다.

***

용서는 이처럼 엄청난 악이 자행된 지구촌 곳곳에서 중요한 것인가? 반드시 그래야 한다. 그렇지 않다면 그곳 사람들에게는 함께 살아갈 희망이 없을 것이다. 학대받은 수많은 아동들이 배우는 교훈처럼 용서 없이는 아무도 과거의 굴레에서 벗어날 수 없다. 이 원리는 국가에도 그대로 적용된다.

부부 관계에서 힘겨운 시기를 보내 온 친구가 하나 있다. 어느 날 밤 드디어 한계에 달한 조지는 탁자와 바닥을 내리치며 아내에게 고함을 질렀다. "난 당신이 싫어! 더는 못 참아! 지겨워 죽겠어! 더는 못 참아! 이젠 안 돼! 안 돼! 안 돼!"

몇 달 후 친구가 한밤중에 얼핏 잠이 깨 보니 두 살 난 아들이 자고 있던 방에서 이상한 소리가 들렸다고 한다. 살금살금 걸어가 아들의 방문 앞에 잠시 멈춘 그는 온몸에 소름이 돋았다. 숨도 쉴 수 없었다. 두 살 난 아이가 낮은 소리로 엄마 아빠의 싸움을 억양까지 정확하게 한마디 한마디 그대로 반복하고 있었던 것이다. "난 당신이 싫어.…더는 못 참아.…안 돼! 안 돼! 안 돼!"

조지는 끔찍하게도 자신의 고통과 분노와 비용서를 다음 세대에 그대로 물려주고 말았음을 깨달았다. 이것이 바로 전 세계에서 일어나고 있는 일이 아닌가?

용서가 없이는 과거라는 괴물이 언제 겨울잠에서 깨어나 현재를 집어삼킬지 모른다. 나아가 미래까지도.

8장

은혜의 무기고

월터 윙크(Walter Wink)의 책에는 제2차 세계대전이 끝나고 10년 후 폴란드 그리스도인들을 방문한 두 명의 평화 사절단 이야기가 나온다.[1] "서독의 그리스도인들을 만날 용의가 있습니까? 그들은 독일이 전쟁 중에 폴란드에 저지른 일에 용서를 빌고 새로운 관계를 구축하고 싶어합니다." 사절단이 물었다.

한동안 침묵이 흘렀다. 그러다 폴란드인 한 명이 입을 열었다. "당신들의 요구는 불가능한 것입니다. 바르샤바의 돌 하나하나가 모두 폴란드인의 피로 젖어 있습니다. 우리는 용서할 수 없습니다!"

모임이 끝나기 전 이들은 함께 주기도문을 외웠다. "우리가…사하여 준 것같이 우리 죄를 사하여 주시옵고"라는 대목에 이르자 모두 기도를 멈췄다. 방 안에 긴장감이 감돌았다. 조금 전에 그렇게 힘주어 말하던 폴란드인이 말했다. "당신들의 요구를 수락해야겠습니다. 용서하지 않는다면 나는 더 이상 주기도문으로 기도도 못하고 그리스도인이라 자처할 수도 없습니다. 인간적으로는 할 수 없는 일이지만 하나님이 힘을 주실 것입니다!" 그로부터 18개월 후 폴란드 그리스도인들과 서독 그리스도인들은 비엔나에서 만나 교제의 악수를 나누었고 그 우호 관계는 지금까지 계속되고 있다.

근래에 출간된 『죄의 삯』(The Wages of Guilt)을 보면 전쟁을 저지른 죄에 대한 독일과 일본의 접근 방식에 차이점이 있음이 잘 나와 있다.[2] 폴란드인들에게 사과한 앞의 예처럼 독일인 생존자들은 전쟁 중에 저지른 범죄의 책임을 인정하는 경향이 있다. 한 예로 1970년 바르샤바를 방문한 베를린 시장 빌리 브란트(Willy Brandt)는 바르샤바 유대인 강제 거주지 내 희생자들을 위한 기념관 앞에서 무릎을 꿇었다. "그 행동은… 사전에 계획된 것이 아니었다. 독일 근대사의 기억에 늘 마음이 무거웠던 터라, 흔히 말로 못다 할 때 취하는 행동을 했을 뿐이다." 훗날 그는 이렇게 썼다.

반면 일본은 자기들이 전쟁 중 행한 일에 대해 잘못을 인정하려 들지 않았다. 히로히토 국왕은 일본의 항복을 발표할 때도 "전세가 반드시 일본에게 유리하게 전개되는 것은 아니다"라는 전형적인 축소 표현을 썼으며, 전후 성명도 모두 치밀한 계산에 따른 것이었다. 일본 정부는 진주만 사태 50주년 기념식 참석도 거절했다. 미국이 일본의 사과를 조건으로 초청했기 때문이다. 어떤 장관은 "전쟁은 전 세계 모두의 책임이다"라고 주장했다. 사실 일본은 1995년에 가서야 자국의 행동에 대해 '사과'라는 단어를 처음 사용했다.

오늘날 독일 학생들은 유대인 대학살과 그 밖의 나치 범죄들을 자세히 배운다. 반면 일본 학생들은 자기 나라에 원자폭탄이 투하된 것은 배우지만 난징 대학살, 포로에 대한 잔혹 행위, 미군 포로 생체 해부, 일본군을 위해 징집된 외국인 '위안부' 등에 대해서는 배우지 않는다. 그 결과 중국, 한국, 필리핀 같은 국가에서는 아직도 원한이 사무치고 있다.

일본과 독일이 침략에 대한 국제적 '용서'의 징표로서 국제 사회에서 받아들여지고 있다는 점을 볼 때 이런 대조는 지나치게 강조해서는 안 될 것이다. 그러나 독일이 과거 피해국들과 나란히 새로운 유럽의 완전한 동반자로 환영받고 있다면 일본은 의심스런 눈초리를 보내는 과거의 적국들과 아직도 합의를 협상하고 있다. 사과가 더딘 만큼 완전한 용인 과정도 늦어지는 것이다.

1990년 온 세계는 국제 정치 무대에서 용서의 드라마가 펼쳐지는 것을 지켜보았다. 동독 최초로 자유 선거를 거쳐 국회가 탄생하자 의원들이 정권을 인수하려고 모였다. 공산권은 하루가 다르게 변하고 있고 서독은 급진적 통일 단계를 제의하고 있는데다 새 국회 앞에는 풀어야 할 중대한 국내 문제가 산적해 있었다. 그런데도 국회는 첫 공식 활동으로 정치 용어가 아니라 신학 용어로 작성된 다음의 특별한 성명을 표결에 붙이기로 했다.

> 동독 최초의 자유 선거로 뽑힌 국회의원인 우리는 유대인 남성, 여성, 어린이에 대한 모욕과 추방과 살해에 대해 이 나라 국민을 대신하여 책임을 인정하는 바이다. 우리는 비통함과 수치심으로 독일 역사의 이 무거운 짐을 인정한다. 국가 사회주의 시기에 세계의 많은 민족이 헤아릴 수 없는 고통을 당했다. 우리는 전 세계 유대인들에게 용서를 구한다. 동독의 공식적 대(對) 이스라엘 정책의 위선과 적의 그리고 1945년 이후에도 우리나라에서 여전히 행해진 유대인 시민을 향한 핍박과 모욕에 대해 이스라엘 국민에게 용서를 구한다.[3]

동독 국회는 이 성명을 만장일치로 통과시켰다. 의원들은 자리에서 일어나 오랫동안 우레 같은 박수를 보낸 뒤 대학살 때 죽은 유대인을 기리며 잠시 묵념의 시간을 가졌다.

국회의 이런 행동이 어떤 변화를 가져왔을까? 살해된 유대인이 되살아난 것도 아니고 나치의 극악무도한 행위가 없어진 것도 아니다. 맞다. 그러나 그것은 독일 정부가 용서의 필요성을 단호히 거부했던 반세기에 가까운 50년 동안 동독인들을 숨막히게 해 온 죄책의 중압감을 덜어 주었다.

서독은 그전에 이미 공식적으로 잘못을 회개한 바 있다. 그뿐 아니라 서독은 배상금으로 유대인에게 600억 달러를 지불했다. 독일과 이스라엘 사이에 관계가 존재한다는 것 자체가 국가간 용서의 더할 나위 없이 좋은 본보기다. 국제 정치에서도 은혜는 고유의 힘을 간직하고 있다.

***

한때 공산주의 치하에 있던 국가들에서 공적인 용서의 드라마가 펼쳐진 일이 근래에 있었다.

아직 철의 장막이 건재하고 계엄령이 내려져 있던 1983년에 교황 요한 바오로 2세는 폴란드를 방문해서 거대한 옥외 미사를 집전했다. 교구별로 질서 있게 늘어선 구름 떼 같은 인파가 포니아토프스키 다리로 행진해 운동장 쪽으로 힘차게 나아갔다. 다리 바로 앞에서 길은 공산당 중앙당사 앞을 정면으로 통과하게 되어 있었다. 건물을 지나는 동안 행진하는 무리는 몇 시간이고 계속 한목소리로 "우리는 당신들을 용서한다. 우리는 당신들을 용서한다"라고 제창했다. 그중에는 가슴 속 깊이 진심으로 구호를 외친 사람도 있고, "너희들은 아무것도 아니다. 미워할 것조차 없다"라는 식으로 거의 경멸조로 외친 사람도 있다.

몇 년 후, 설교를 통해 폴란드에 경종을 울려 왔던 35세의 신부 예지 포피에우슈코(Jerzy Popieluszko)가 두 눈이 뽑히고 손톱이 뽑힌 채 비스툴라강에 떠 있는 채 발견되었다. 이번에도 역시 가톨릭 신도들은 거리로 나가 "우리는 용서한다. 우리는 용서한다"라고 쓴 현수막을 들고 행진했다. 포피에우슈코는 성당 앞 광장에 가득 모인 무리를 향해 일요일마다 똑같은 메시지를 전하곤 했다. "진리를 지키세요. 선으로 악을 이기십시오." 그가 죽은 후 신도들은 그의 말에 끝까지 순종했으며, 결국 공산당 정권을 몰락시킨 것도 바로 그 은혜의 정신이었다.

지금도 동유럽 전역에서 용서의 몸부림이 계속되고 있다. 러시아의 한 목사는 자기를 감옥에 가두고 교회를 파괴한 KGB 요원들을 용서해야 할까? 루마니아인들은 병든 고아들을 침대에 묶어 놓은 의사, 간호사들을 용서해야 할까? 동독 국민은 자기를 감시한 신학교 교수, 목사, 배반한 배우자까지 포함된 정보원들을 용서해야 하나? 인권 운동가 베라 볼렌베르거(Vera Wollenberger)는 자기를 배반하고 비밀경찰에 넘겨주어 체포시키고 추방당하게 한 사람이 바로 남편이었음을 알았을 때 화장실로 달려가서 구토했다. 후에 베라는 "내가 경험한 지옥을 아무도 겪지 않기 바란다"라고 말했다.

폴 틸리히(Paul Tillich)는 과거를 잊기 위해 과거를 기억하는 것이 용서라고 정의했다. 이는 개인뿐 아니라 국가에도 적용되는 원리다. 용서는 결코 쉽지 않고 때로는 여러 세대가 지나야 이루어질 수도 있지만 용서 말고 무엇이 사람을 과거사의 노예로 묶어 두는 사슬을 끊을 수 있겠는가?

나는 1991년 10월 소련에서 목격한 광경을 영영 잊지 못할 것이다. 귀국 직후 출간된 한 소책자에 이미 소개한 이야기지만 충분히 반복할 가치가 있다. 당시 소련 제국은 종말로 치닫고 있었고 미하일 고르바초프는 수상으로 겨우 명목만 유지하고 있을 뿐 보리스 옐친이 나날이 세력을 더해 가고 있었다. 러시아 지도자들이 자국의 '도덕성 회복'을 위해 도움을 요청하자 미국의 그리스도인 대표단이 가서 그들을 만나고

왔는데 나도 그 일행에 합류하게 됐다.

그때 고르바초프와 정부 관리들이 모두 따뜻하게 맞아 주었음에도 불구하고, 일행 중 고령자들은 KGB 본부에 가면 대우가 달라질 것이라고 경고했다. 건물 밖에 있는 KGB 설립자 펠릭스 제르진스키의 동상은 군중의 손에 쓰러졌다. 하지만 그의 흔적은 내부에 그대로 살아 있었다. 우리가 모인 회의실 한쪽 벽에도 악명 높은 그의 대형 사진이 버젓이 걸려 있었다. 나무판을 댄 강당 출입구 양옆에는 차려 자세를 한 요원들이 영화에서 본 것처럼 딱딱하고 무표정한 얼굴로 서 있고, 그 안에서 KGB 부국장 니콜라이 스톨랴로프 장군이 우리 대표단에게 자신을 소개했다. 우리는 정신을 바짝 차렸다.

"오늘 밤 여기서 여러분을 만난 것은 어느 황당한 소설가도 생각해 낼 수 없는 구성의 반전입니다." 스톨랴로프 장군은 그렇게 운을 뗐다. 과연 맞는 말이었다. 이어 그는 이런 말로 우리를 깜짝 놀라게 했다. "우리 소련인들이 새삼 깨닫는 것은 그동안 우리가 그리스도인들을 받아들이는 데 너무 소홀했다는 것입니다. 하지만 국민이 신앙으로 돌아오지 않고는 즉 진정한 회개가 없이는 정치 문제도 풀 수 없습니다. 이것이 제가 져야 할 십자가입니다. 과학적 무신론을 공부해 보면 종교가 국민을 분열시킨다는 개념이 있습니다. 그러나 지금 우리는 반대 현상을 보고 있습니다. 하나님을 사랑하는 것만이 나라를 하나 되게 합니다."

머리가 어지러웠다. '십자가를 진다'는 표현은 도대체 어디서 배웠을까? 그리고 **회개**라는 말은? 통역자가 제대로 옮긴 것일까? 피터와 아니타 데이네카 부부를 흘긋 보았다. 기독교 사역을 했다는 이유로 러시아에서 추방당한 지 13년 만에 지금 KGB 본부에서 과자를 먹고 있다니.

기독교 개혁 교회에서 라디오와 텔레비전 방송 일을 하던 점잖고 예의 바른 조엘 네더후드가 일어나 스톨랴로프에게 질문을 던졌다. "장군님, 우리 중에는 솔제니친의 수용소 이야기를 읽어 본 사람이 많습니다. 거기서 가족을 잃은 사람도 몇 명 있습니다." 그의 대담한 말에 마음을 놓고 있던 동료들은 정신이 들었고 실내에는 한층 긴장이 고조되었다. "이 건물 지하실에 있는 것을 포함해서 그런 수용소들을 감독하는 일은 장군님의 기관인 KGB 책임입니다. 이런 과거를 어떻게 보십니까?"

스톨랴로프는 차분한 어조로 답했다. "아까 회개 이야기를 했습니다. 이는 필수적인 단계입니다. 아마 텐기즈 아불라제(Tengiz Abuladze)의 <회개>(Repentance)라는 영화를 아실 겁니다. 회개 없이는 개혁(perestroika)도 있을 수 없습니다. 과거를 회개할 때가 왔습니다. 우리는 십계명을 어겼고 지금 그 값을 치르고 있습니다."

나도 아불라제의 <회개>를 보았다. 스톨랴로프의 비유는 정말 우리를 놀라게 했다. 그 영화는 거짓 고발, 강제 투옥, 교회 방화 등 특히 종교에 대한 잔인함으로 KGB에 악명을 안겨 준 바로 그런 행위를 자세히 다루었기 때문이다. 스탈린 시대에만 줄잡아 42,000명의 사제가 목숨을 잃었고, 총 사제 수는 38만 명에서 172명으로 줄었다. 수도원 1,000개, 신학교 60개가 문을 닫았고 정교회가 100개당 98개꼴로 문을 닫았다.

<회개>는 이런 잔혹한 핍박상을 어느 시골 마을의 모습을 통해 그려 낸다. 가장 가슴에 사무치는 장면은, 마을 여성들이 이제 막 강줄기를 따라 떠내려온 산더미 같은 통나무를 하나하나 들춰 보며 목재 하치장 진창 속을 샅샅이 헤집고 다니는 장면이다. 포로수용소에 있는 남편이 통나무를 자르며 보냈을 메시지를 찾고 있는 것이다. 한 여인이 나무껍질에 새겨진 남편의 이니셜을 발견하고는 울면서 통나무를 부드럽게 어루만진다. 그 나무는 어루만질 수 없는 남편과 이어 주

는 유일한 연결고리다. 영화는 한 시골 여인이 교회로 가는 길을 묻는 장면으로 끝난다. 길을 잘못 들었다는 말에 그녀는 답한다. "교회로 연결되지 않는 길이 무슨 소용이 있을까요?"

지금 우리는 솔제니친이 심문당한 수용소의 바로 위에 있는 방, 폭정의 총본부에 앉아 KGB 부국장으로부터 그와 아주 비슷한 이야기를 듣고 있었다. 회개, 십계명, 교회가 나오지 않는 길이라면 무슨 소용이 있겠는가?

갑자기 알렉스 레오노비치(Alex Leonovich)가 일어서서 입을 열자 좌중은 한층 격의 없는 분위기가 되었다. 주빈석에 앉아 스톨랴로프의 통역을 맡은 알렉스는 벨라루스 태생으로 스탈린 공포 정치 때 빠져나와 미국으로 이민을 갔다. 그리고 그 후 46년간 잦은 통신 방해 속에서도 조국에 기독교 프로그램을 방송해 왔다. 그는 신앙으로 인해 고문과 핍박을 당한 신자들도 개인적으로 많이 알고 있었다. KGB 고위 관리 옆에서 이런 화해의 메시지를 통역한다는 것은 그에게 너무나 뜻밖이요 꿈만 같은 일이었다.

건장한 체격의 할아버지 같은 인상의 알렉스는 소련의 변화를 위해서 반세기가 넘도록 기도해 온 전사들의 전형이라 할 수 있다. 우리가 분명히 목도했던 바로 그 변화 말이다. 그는 스톨랴로프 장군에게 느릿느릿 부드럽게 이야기했다.

"장군님, 우리 집에도 KGB 때문에 고생한 식구들이 많습니다. 나도 사랑하는 조국을 떠나야 했지요. 내가 너무나 좋아했던 삼촌은 시베리아 노동 수용소에 잡혀가서 돌아오지 않았습니다. 장군님, 회개한다고 하셨죠. 그리스도께서 우리에게 회개에 응하는 법을 가르쳐 주셨습니다. 우리 가족을 대표해서, 수용소에서 돌아가신 삼촌을 대신해서 제가 장군님을 용서합니다."

기독교 전도자 알렉스 레오노비치가 KGB 부국장 니콜라이 스톨랴로프 장군에게 다가가서 러시아식으로 힘차게 끌어안았다. 포옹 중에 스톨랴로프가 알렉스에게 뭐라고 귓속말을 했는데 우리는 나중에 가서야 그 내용을 알았다. "저는 평생 딱 두 번 울었습니다. 한 번은 어머니 돌아가셨을 때이고 다른 한 번은 오늘 밤입니다."

"모세가 된 기분이에요." 그날 밤 돌아오는 버스에서 알렉스가 말했다. "나도 약속의 땅을 보았습니다. 영광을 맞을 준비가 되었어요."

우리와 동행했던 러시아인 사진작가는 그다지 낙관적이지 않았다. 그는 말했다. "다 연극입니다. 당신들 보라고 가면을 쓴 거예요. 믿을 수 없습니다." 그러나 그 역시 마음이 흔들려서 얼마 후에 사과하며 말했다. "제가 틀렸을 수도 있습니다. 이젠 뭘 믿어야 될지 모르겠군요."

***

앞으로 수십 년 어쩌면 수 세기 동안 구소련은 용서의 문제에 직면하게 될 것이다. 아프가니스탄, 체첸, 아르메니아, 우크라이나, 라트비아, 리투아니아, 에스토니아, 이 나라들은 모두 한때 자신을 지배했던 제국에 원한을 품고 있다. 이 나라들 역시 KGB 본부로 우리와 동행했던 사진작가처럼 러시아가 무슨 말을 하든 그 동기에 대해 의문을 제기할 것이다. 러시아인들이 서로를 믿지 못하고 정부를 믿지 못하는 것은 너무나 당연한 일이다. 과거를 극복하기 위해서는 반드시 과거를 기억해야 한다.

그럼에도 아무리 지지부진하고 불완전하더라도 역사를 극복하는 것은 가능한 일이다. 비은혜의 사슬은 실제로 끊어질 수 있다. 미국도 국가 차원에서 화해를 경험한 일이 있다. 제2차 세계대전의 원흉인 독일과 일본은 지금 미국의 가장 든든한 동맹국에 속한다. 구소련이나 유고슬라비아 같은 곳과 좀 더 직접적으로 연관성 있고 좀 더 의미 있는 점은 미국이 동족상잔의 피비린내 나는 남북전쟁을 겪었다는 점이다.

나는 조지아주 애틀랜타에서 자랐다. 애틀랜타를 전소시킨 셔먼 장군에 대한 애틀랜타 사람들의 태도는 보스니아 이슬람교도들이 세르비아 주민에 대해 품는 감정과 맞먹는다. 발칸 반도에서 왼성될 정책인 현대전의 '초토화' 전략을 도입한 사람은 누가 뭐래도 셔먼이다. 어쨌든 미국은 하나로 남을 수 있었다. 남부연합기(Confederate flg)와 "딕시"(Dixie) 노래의 가치를 두고 남부 사람들 사이에 아직도 이견이 있긴 하지만, 근래 들어 연방 탈퇴나 인종 거주지별로 국가를 분리하자는 주장은 많이 들어 보지 못했다. 최근의 미국 대통령 중 두 명은 아칸소주와 조지아주 출신이다.

남북전쟁 후 정치가들과 참모들은 많은 피를 흘리게 만든 남부 사람들을 중벌로 다스려야 한다고 링컨에게 압력을 가했다. 대통령은 말했다. "적을 친구로 만드는 것이 바로 적을 쳐부수는 것 아닙니까?" 그는 오히려 남부 11개 주 재통합이라는 포용안을 펼쳤다. 링컨의 정신은 그가 죽은 후에도 나라의 지침이 됐다. 미국이 합중국('United' States)으로 유지된 근본 원인도 거기 있지 않을까?

더욱 인상적인 것은 흑백간 화해의 진전이다. 흑백 관계는 한때 한 편에서 다른 편을 **소유했던** 관계다. 인종 차별의 여파는 불의를 씻는 데 오랜 세월과 고된 노력을 요구한다는 것을 입증한다. 그럼에도 불구하고 흑인이 시민 참여를 향해 내딛는 발걸음 하나하나는 모두 용서를 향한 전진을 의미한다. 물론 흑인들이 다 용서하는 것도 아니고 백인들이 다 회개하는 것도 아니다. 인종 차별은 이 나라를 깊이 갈라놓고 있다. 그러나 미국의 상황을 구 유고슬라비아나 시리아에서 일어난 일과 비교해 보라. 기관총 사수들이 애틀랜타 진입로를 차단하거나 버밍햄 상공으로 포탄이 빗발치는 일은 보지 못했다.

나는 인종 차별주의자로 자랐다. 나는 남부에서 합법적으로 흑인 차별 정책이 시행되던 시절을 또렷이 기억하고 있다. 애틀랜타 시내 상점의 화장실은 백인 남자, 백인 여자, 유색인, 이렇게 셋으로 구분되어 있었다. 주유소 내 물 마시는 곳에도 백인용과 유색인용이 따로 있었다. 여관과 식당도 백인 손님만 받다가 후에 민권법이 발효되어 그런 차별이 불법화되자 많은 업주들이 문을 닫았다.

나중에 조지아 주지사로 선출된 레스터 매덕스(Lester

Maddox)도 그런 불복성 식당 업주 중 하나였다. 몇 곳의 프라이드 치킨 가게를 모두 닫은 그는 자유의 죽음을 기리는 기념관을 열고는 권리장전 사본을 검은 천으로 덮인 관에 넣어 전시해 놓았다. 또 흑인 민권 시위대를 구타할 때 사용된 곤봉을 아빠, 엄마, 어린이용으로 세 가지 크기의 복제품을 만들고 도끼 자루를 팔아서 생계를 유지했다. 나도 신문을 돌려 번 돈으로 도끼 자루를 하나 샀다. 레스터 매덕스는 가끔 우리 교회에 나왔다(그의 여동생이 교인이었다). 내가 인종 차별에 대한 왜곡된 신학적 기초를 배운 곳이 바로 그곳이다.

1960년대 우리 교회 제직회는 감시단을 동원하여 일요일마다 흑인 '골칫덩이들'이 찾아와 흑백 통합 운운하지 못하게 교회 입구마다 교대로 순찰을 섰다. 나는 언제 나타날지 모르는 민권 시위대에게 주려고 제직회에서 인쇄한 카드 한 장을 지금도 가지고 있다.

귀 집단의 배후 동기가 하나님 말씀의 가르침에 어긋나는 것임을 알기에 우리는 **여러분을 환영할 수 없으며** 구내를 조용히 떠나 줄 것을 정중히 요청하는 바입니다. 성경은 "인간은 전부 형제요 하나님은 아버지다"라고 가르치지 '않습니다.' 그분은 만물의 창조주이시지만 오직 중생한 이들에게만 아버지가 되십니다.

여러분 중 진심으로 예수 그리스도를 구주와 주님으로 알고 싶어서 여기 오신 분이 있다면 얼마든지 하나님 말씀을 가지고 개인적으로 응대할 용의가 있습니다.

(1960년 8월, 제직회 만장일치 성명서)

국회에서 민권법이 통과되자 우리 교회는 백인의 천국인 사립 학교를 하나 세우고 일부러 흑인 학생은 일절 받지 않았다. 한 흑인 성경 교수의 딸이 유치원 입학을 거절당하자 '자유주의' 교인 몇 명이 교회를 떠났으나 대부분 교인은 그 결정에 이의가 없었다. 1년 후 교회 제직회는 카버 성경 학교에 다니던 한 학생의 교인 등록을 거부하기도 했다[그의 이름은 토니 에반스(Tony Evans)로 오늘날 저명한 목사요 강사가 되었다].

우리는 마틴 루서 킹 주니어를 '마틴 루시퍼 쿤(검둥이)'이라고 부르며 골수 공산주의자요 목사 흉내만 내는 마르크스주의자로 몰았다. 누구보다도 남부를 처참한 인종 전쟁에서 지켜 낸 그의 도덕적 힘을 내가 바로 알게 된 것은 훨씬 후의 일이다.

학교와 교회의 백인 동료들은 킹이 남부의 경찰들, 경찰견, 소방용 호스 등과 대치하는 모습이 텔레비전에 방송되는 것을 보며 좋아했다. 그것이 곧 킹의 전략에 넘어가는 것인 줄은 미처 몰랐다. 킹은 일부러 불 코너 보안관 같은 이들을 하나하나 찾아내서 구타와 투옥과 다른 만행을 견뎌 내며 그 대립 장면을 무대 전면에 끌어올렸다. 인종 차별의 악이 가장 추악한 극단으로 드러날 때만 자만에 빠져 있는 나라가 자신의 대의를 지지해 주리라 믿었기 때문이다. 그는 이렇게 말하곤 했다. "기독교는 언제나 면류관을 쓰기 전에 십자가를 질 것을 강조해 왔다."

킹은 용서와의 씨름을 "버밍햄 옥중 서신"에 기록한 바 있다. 감옥 밖에서는 남부 목사들이 그를 공산주의자라고 비난하고, 군중은 "검둥이를 처형하라!"라고 고함치고, 경찰들은 무장하지 않은 킹의 지지자들에게 야경봉을 휘두르고 있었다. 킹은 적을 용서하기 위해 자신을 쳐서 복종시키는 데 수일간의 금식이 필요했다고 썼다.

킹은 악을 만인 앞에 끌어냄으로써 온 국민이 품고 있는 의분의 저수지에 물꼬를 트고자 했다. 그것은 내 친구들과 나로서는 전혀 이해할 준비가 되어 있지 않던 개념이다. 많은 역사가들은 킹의 민권 운동이 마침내 결정적 다수의 지지를 얻게 된 시점으로 다음 사건을 꼽는다. 이는 앨라배마주 셀마 외곽의 다리에서 보안관 짐 클라크가 비무장 흑인 시위대를 향해 부하 경찰들을 풀어놓아 터진 사건이다.

기마 경찰들은 말의 박차를 가하며 행진하는 군중을 향해 달려들었고, 야경봉을 휘두르며 닥치는 대로 머리를 부수고 사람들을 바닥에 내동댕이쳤다. 백인들이 길가에서 함성을 지르며 만세를 부르는 사이 경찰들은 흥분한 행진자 무리에게 최루탄을 쏘았다. 대부분의 미국인이 이 장면을 처음 본 것은 ABC가 때마침 상영 중이던 일요 영화 <뉘른베르크의 재판>(Judgment at Nuremberg)을 중단하고 이 소식을 전하면서부터였다. 시청자들이 생중계로 본 앨라배마의 장면은 조금 전까지 보고 있던 나치 독일 영화와 끔찍할 만큼 닮은 것이었다. 그로부터 8일 후 린든 존슨 대통령은 1965년 투표권 법안을 미의회에 제출했다.

킹은 치밀한 전략을 세워 화약이 아닌 은혜로 전투에 임했다. 그는 적과의 만남을 거부한 적이 없다. 정책은 반대했지만 사람은 적대하지 않았다. 무엇보다 중요한 것은 폭력에 비폭력, 미움에 사랑으로 맞섰다는 점이다. "자유에 대한 우리의 목마름을 원한과 증오의 잔을 마시는 것으로 해결하지 맙시다. 우리의 창조적 항거가 물리적 폭력으로 전락하게 해서는 안 됩니다. 거듭 말하지만 우리는 물리적 힘에 영적 힘으로 맞서는 장엄한 고지에 올라야 합니다." 킹이 추종자들에게 권면한 말이다.

킹의 동료 앤드루 영(Andrew Young)은 그 격동의 시절을 '흑인의 육체와 백인의 영혼을' 구하려 했던 시기로 기억한다. 킹에 따르면 진정한 목표는 백인을 무찌르는 것이 아니라 "압제자들 속에 수치심을 일깨우고 잘못된 우월감에 도전을 가하는 것이다.…결과는 화해다. 결과는 구속이다. 결과는 사랑의 공동체를 만드는 것이다." 그리고 그것이 마틴 루서 킹 주니어가 끝내 이루어 낸 일이다. 나같이 지독한 인종 차별주의자에게까지.

이제 와서 나의 어린 시절을 돌아보면 수치와 자책과 더불어 회개의 마음이 든다. 하나님이 나의 노골적인 인종 차별을 깨뜨리시는 데는 수년이 걸렸다. 물론 좀 더 교묘한 형태로 차별하는 이들도 있을 것이다. 나는 이 죄야말로 사회에 가장 큰 영향을 미치는 가장 악독한 죄 중 하나라고 믿는다. 요즘 미국에는 극빈층 집단과 도심지 위기에 대한 이야기가 많이 나온다. 전문가들은 약물, 가치관 해체, 가난, 핵가족 붕괴 등을 그 이유로 꼽는다. 내 생각에는 이런 모든 문제도 실은 좀 더 깊은 근본적 원인, 즉 수 세기에 걸친 인종 차별이라는 죄의 결과가 아닌가 싶다.

인종 차별의 도덕적, 사회적 부산물에도 불구하고 다행히 미국은 하나로 남았다. 지금은 남부에서까지 피부색과 상관없이 온 국민이 민주적인 생활을 공유하고 있다. 애틀랜타에서는 아프리카계 미국인이 시장에 선출된 지 벌써 몇 년째다. 1976년 미국인들 눈앞에는 조지 월리스(George Wallace)가 앨라배마 흑인 지도자들을 찾아가 과거 자기가 흑인들에게 했던 행동에 대해 사과하는 진귀한 광경이 펼쳐졌다. 그는 전국 텔레비전 방송에서도 거듭 사과했다.

그러나 치열한 주지사 선거에 흑인들의 표가 필요했던 월리스의 사과보다 더 이해하기 힘든 것은 흑인들의 반응이었다. 흑인 지도자들은 그의 사과를 수락했고 흑인 시민들은 그를 용서하여 표를 몰아주었다. 월리스가 킹이 민권 운동을 시작한 몽고메리 침례교회에 가서 사과하던 날 그에게 용서를 베풀기 위해 찾아온 지도층 중에는 코레타 스콧 킹(Coretta Scott King), 제시 잭슨(Jesse Jackson) 그리고 살해당한 메드가

에버스(Medgar Evers)의 형제도 있었다.

내가 어린 시절 다니던 그 교회도 회개를 배웠다. 주민들이 바뀌면서 교회 출석 인원이 줄어들기 시작했다. 나는 몇 해 전 그 교회의 예배에 한번 참석했다가 깜짝 놀랐다. 어렸을 때 1,500명씩 꽉 들어차던 큰 본당 안에 200-300명 정도가 띄엄띄엄 흩어져 앉아 예배를 드리고 있었다. 저주받아 말라비틀어진 교회 같았다. 목사도 몇 명 바뀌 보고 새 프로그램도 이것저것 써 보았으나 효과가 없었다. 지도층에서 아프리카계 미국인들의 참여를 모색했으나 주민들 중 반응을 보이는 사람은 거의 없었다.

어렸을 때 나랑 같은 반이었던 담임목사는 마침내 특단의 조처로 회개 예배를 계획했다. 예배에 앞서 그는 토니 에반스와 그 성경 교수에게 편지를 보내 용서를 구했다. 그리고 흑인 지도자들이 함께한 자리에서 과거 교회에서 행해진 인종차별의 죄를 공개적으로 진땀 흘리며 열거했다. 그렇게 잘못을 빌어 그들의 용서를 받았다.

그 예배가 있은 뒤로 교인들의 짐이 하나 벗겨진 듯했지만 교회를 살리기에는 아직도 역부족이었다. 몇 년 후 백인 교인들이 교외 지역으로 이사를 나가자 그제야 열렬한 아프리카계 미국인들이 건물을 가득 메워 다시 한번 창문을 들썩이게 하고 있다.

***

엘턴 트루블러드(Elton Trueblood)는 예수님이 교회의 운명을 설명하기 위해 쓰신 표현, "음부의 권세(몇몇 영어 성경에는 the gates, 즉 대문으로 되어 있다-편집자 주)가 이기지 못하리라"는 말씀이 방어가 아닌 공격을 뜻한 것이라 말한 바 있다.[4] 그리스도인들은 그 대문을 습격할 것이고 이길 것이다. 역사의 어느 한 시점에서 교회의 모습을 어떻게 보든 간에 악의 권세를 지키는 대문은 은혜의 공격을 견뎌 내지 못할 것이다.

언론은 이스라엘과 런던의 폭탄 테러, 남미의 암살단, 인도와 스리랑카와 알제리의 테러 등 폭력적인 전쟁에 집착하는 경향이 있다. 그것들은 가장 폭력적인 세기에 우리가 예상하게 된 피 흘리는 얼굴, 잘린 팔다리 등 소름 끼치는 이미지를 만들어 낸다. 그럼에도 불구하고 은혜의 힘을 부인할 수 있는 사람은 아무도 없다.

필리핀 국민들이 50톤짜리 탱크 부대 앞에서 무릎을 꿇던 장면을 누가 잊을 수 있을까? 탱크들은 보이지 않는 기도의 방패에 부딪히기라도 한 듯 비틀거리다 멈추고 말았다. 필리핀은 아시아에서 그리스도인들이 다수를 이루고 있는 유일한 국가이자 바로 은혜의 무기가 독재의 무기를 이긴 곳이다. 암살되기 직전 마닐라에서 비행기에서 내리던 베니그노 아키노(Benigno Aquino)의 손에는 간디의 말을 인용한 연설문이 들려 있었다. "무고한 자들의 자발적 희생은 오만한 독재를 향해 던지는, 신이나 인간이 생각해 낸 가장 강력한 답입니다." 연설문을 읽을 기회는 주어지지 않았지만 아키노와 그의 아내의 삶은 그 말의 예언성을 입증해 보였다. 마르코스 정부는 치명타를 입었다.

전 상원의원 샘 넌(Sam Nunn)은 "냉전은 핵의 지옥불이 아니라 동유럽 교회의 촛불로 끝났다"고 말했다. 언론에는 잘 나오지 않았지만 동독의 촛불 행진은 지구의 얼굴을 바꾸어 놓았다. 라이프치히 철야 촛불 행진에 모여든 사람은 처음에는 몇백 명이던 것이 차츰 천 명, 3만 명, 5만 명으로 늘어 급기야 거의 도시 인구 전체에 달하는 50만 명이 되었다. 성 니콜라이 교회에서 기도회를 가진 후 평화의 시위 행렬은 찬송가를 부르며 어두운 밤거리를 행진했다. 무장한 경찰과 군인도 그 힘 앞에서는 무력해 보였다. 그날 밤 동베를린의 비슷한 행진에 100만 명이 가담해서 결국 그 흉물스런 베를린 벽은 총 한 방 쏘지 않고도 무너져 내렸다. 라이프치히 거리를 가로지르는 "우리는 교회에 감사합니다"라는 거대한 현수막이 걸렸다.

청량한 바람이 세차게 불어와 정체된 오염 물질을 몰아내듯이 지구촌에 평화 혁명의 바람이 불었다. 1989년 한 해에만 총인구 5억에 달하는 10개 국가, 즉 폴란드, 동독, 헝가리, 체코슬로바키아, 불가리아, 루마니아, 알바니아, 유고슬라비아, 몽골, 소련이 비폭력 혁명을 경험했다. 그 가운데는 소수의 그리스도인들이 결정적 역할을 해낸 나라가 많다. "교황에게 병력이 몇 사단이나 있느냐"라던 스탈린의 조롱 섞인 질문에 대한 답이 나온 셈이다.

이어서 1994년에 가장 놀라운 혁명이 일어났다. 거의 모두가 유혈 사태를 예상했기 때문이다. 남아프리카공화국은 평화 시위의 모태였다. 모한다스 간디가 톨스토이와 산상수훈을 공부하며 [나중에 마틴 루서 킹 주니어가 채택한] 비폭력 전략을 개발한 곳이 바로 거기였다. 연습할 기회가 많았던 남아공 사람들은 은혜라는 무기를 완벽하게 사용했다. 월터 윙크의 책에는 한 흑인 여자가 아이들과 함께 거리를 걸어가고 있는데 어느 백인 남자가 그 여자의 얼굴에 침을 뱉은 이야기가 나온다.[5] 여자는 멈춰 서서 이렇게 말했다. "감사합니다. 이젠 아이들 차례입니다." 궁지에 몰린 남자는 아무 대꾸도 하지 못했다.

어느 무단 거주자 마을에 갑자기 군인들이 불도저를 몰고 와 흑인 여자들을 포위했다. 군인들은 주민들에게 마을을 다 갈아엎을 테니 2분 내로 피하라고 확성기로 소리쳤다. 여자들은 무기도 없었고 마을 남자들은 멀리 일하러 나가고 아무도 없었다. 시골 네덜란드계 개혁파 아프리카인들의 청교도적 성향을 잘 알고 있던 흑인 여자들은 불도저 앞에 늘어서서 옷을 전부 벗었다. 경찰은 도망갔고 그 마을은 지금도 그대로 남아 있다.

기독교 신앙이 남아공의 평화 혁명에 결정적 영향을 미친 사실은 언론에는 거의 언급되지 않았다. 헨리 키신저(Henry Kissinger)가 이끄는 중재단이 잉카타 자유당의 선거 참여를 설득하려다 끝내 모든 희망을 포기한 뒤, 케냐의 한 그리스도인 외교관이 은밀히 고위직 인물을 모두 만나 함께 기도하며 그들의 마음을 돌려놓았다(신기하게도 비행기 나침반이 고장 나서 출발이 지연되는 바람에 이 결정적 만남이 가능하게 됐다).

넬슨 만델라는 26년의 감옥살이 끝에 복수가 아닌 용서와 화해의 메시지를 가지고 돌아와서 비은혜의 사슬을 끊었다. 남아공 교회들 중 가장 작고 엄격한 칼뱅주의 교회에서 지도자로 선출된 F. W. 데 클레르크(De Klerk)는 후에 자신이 '강한 소명감'이라고 묘사한 것을 느꼈다. 그는 자기 교인들과 동족에게 버림받을 줄 알았지만 그럼에도 불구하고 하나님이 자신을 남아공 온 국민의 구원을 위해 부르셨다고 말했다.

흑인 지도자들은 데 클레르크가 과거의 인종 차별 정책에 대해 사과해야 한다는 입장이었다. 데 클레르크는 망설였다. 차별 정책을 시작한 이들 중에 자기 아버지도 있었기 때문이다. 그러나 데즈먼드 투투 주교는 남아공의 화해 과정은 반드시 용서로 시작되어야 한다고 믿었고 이를 굽히지 않았다. 투투 주교는 "우리가 전 세계에 그리고 보스니아와 르완다와 부룬디 국민들에게 가르쳐 주어야 할 한 가지 교훈은 바로 우리가 용서할 준비가 되어 있다는 것이다"[6]라고 말했다. 데 클레르크는 결국 사과했다.

이제 흑인 다수가 정치적 권력을 갖게 되어서 그들은 용서 문제를 공식적으로 논의하는 중이다. 정책을 입안하는 법무부 장관이 신학적 발언을 한 셈이다. 그에 따르면, 아무도 피해자 대신 용서할 수 없다. 피해자가 직접 용서해야 한다. 또 아무도 완전한 진상 규명 없이 용서할 수 없다. 무슨 일이 있었고 누가 무엇을 했는지 먼저 밝혀야 한다. 또한 용서를 베풀기 전에 반드시 잘못을 저지른 쪽에서 용서를 빌기로 동의해야 한다. 남아공 국민들은 과거를 잊기 위해 과거를 기억하는 작업을 한 걸음씩 진행하고 있다.

남아공 국민들이 깨닫고 있듯 용서란 결코 쉽지도 않고 명확한 일도 아니다. 암살범을 용서한 교황도 그의 출소를 요구하지는 않을 것이다. 사람들은 독일을 용서하면서도 군사력에 제한을 가할 것이고, 아동 학대자를 용서하되 피해자들과 격리시킬 것이며, 남부 인종 차별을 용서하지만 재발 방지를 위해 법안을 제정할 것이다.

그러나 이 모든 복잡성에도 불구하고 용서를 추구하는 국가는 최소한 그 반대, 즉 용서하지 않음으로 인한 처참한 결과는 피할 수 있다. 세계의 눈앞에 펼쳐진 것은 대학살과 내전의 광경 대신 남아공 흑인들이 1.6킬로미터도 넘게 꼬불꼬불 줄지어 서서 처음으로 투표할 기회를 얻은 것이 기뻐 **춤추는 모습**이었다.

***

용서는 인간의 본성에 어긋나는 것이기에 어려운 기술을 연습하는 것처럼 배우고 훈련해야 한다. 마틴 루서 킹 주니어는 말했다. "용서란 단지 가끔 하는 행동이 아니라 영구적인 태도다."[7] 그리스도인들이 세상에 줄 선물로 은혜와 용서를 지지하는 문화를 형성하는 것보다 더 위대한 것이 있을까?

예를 들어 베네딕토회에는 감동적인 용서와 화해의 예배가 있다. 지도자는 성경 말씀을 전한 뒤 각 사람에게 용서가 필요한 문제를 찾아내도록 요청한다. 이어 예배자들은 물이 가득 든 커다란 크리스털 그릇에 과오를 '움켜쥔' 손을 담근다. 그리고 용서의 은혜를 구하며 잘못을 '놓아 보내는' 상징으로 천천히 손을 편다. 참석자 브루스 데머레스트는 "직접 몸으로 이런 의식을 행하는 것이 그냥 용서한다고 말만 하는 것보다 더 큰 변화의 힘이 있다"라고 말했다. 남아공이나 미국의 흑인과 백인이 하나의 용서의 그릇에 손을 반복하여 담근다면 어떤 영향을 미치게 될까?

로런스 반 데르 포스트(Laurens van der Post)는 전시에 자바섬 일본군 포로수용소에서 겪은 비참한 경험을 『죄수와 폭탄』(*The Prisoner and the Bomb*)이라는 책으로 펴냈다. 그 비현실적인 곳에서 그가 내린 결론은 다음과 같다.

> 미래에 대한 유일한 희망은 과거에 우리의 적이었던 자들을 너그러이 용서하는 태도에 있다. 수용소 경험을 통해 배운 바는, 용서가 단지 종교적 감상이 아니라 중력의 법칙만큼이나 인간 영혼에 근본적인 법칙이라는 점이다. 중력의 법칙을 무시하면 목이 부러지는 것처럼 용서의 법칙을 어기면 영혼에 치명상을 입고 그토록 오랜 세월 고통스럽게 탈출하기 위해 노력해 왔지만 또다시 인과의 사슬에 묶인 죄수의 일원이 되고 만다.[8]

9장

은혜 충만한 그리스도인

시몬 베유의 삶은 그녀가 33세로 죽기 전 밝은 불꽃처럼 타올랐다. 프랑스 지성인 베유는 노동자 계급과 자신을 동일시하고자 일부러 농장과 공장을 일터로 정했다. 히틀러 군대가 프랑스에 들어오자 베유는 런던으로 피난 가서 '자유 프랑스'(the Free French) 운동에 합류했다. 하지만 그녀는 그곳에서 나치 점령하에서 고통받는 동포들의 배급량 이상은 먹지 않아 영양실조로 인한 결핵으로 세상을 떠났다. 그리스도를 따랐던 유대인 베유는 유일한 유산으로 하나님을 향한 순례 여정을 빼곡히 기록한 메모와 일기를 남겼다.[1]

베유는 중력과 은혜라는 두 개의 거대한 힘이 우주를 지배한다고 결론지었다. 중력으로 한 물체는 그 자체 속으로 우주를 점점 더 흡수함으로써 계속 팽창하기 위해 다른 물체들을 끌어당긴다. 인간 내부에도 이와 똑같은 힘이 작용한다. 인간도 확장하고 획득하여 중요성을 키우려 한다. 아담과 하와의 반역도 '하나님과 같이 되려는' 욕망 때문에 발생한 것 아닌가.

베유의 결론은 인간의 정서가 뉴턴의 법칙처럼 고정된 법칙에 따라 움직인다는 것이다. "영혼의 모든 **자연적** 움직임은 물리적 중력의 법칙과 유사한 법칙에 의해 지배된다. 은혜만이 유일한 예외다." 인간은 대부분 자기애라는 중력장에 갇혀 있어 "은혜가 지나갈 통로를 막아 버린다."

베유가 이러한 기록을 남기고 있던 때와 비슷한 시기에 또 다른 나치 피난민인 칼 바르트는 자기에게는 예수님의 용서와 은혜의 선물이 예수님의 기적보다 더욱 놀랍다고 털어놓았다. 기적은 우주의 물리적 법칙을 뛰어넘는 것이지만 용서는 도덕적 법칙을 뛰어넘는 것이다. "악의 한복판에서 선의 시작이 감지된다. 은혜의 단순함과 포괄성을 누가 측량할 것인가?"[2]

과연 누가 측량할 수 있을까? 이 책도 실은 한눈에 보기에는 너무 크고 웅장한 성당을 한 바퀴 도는 것처럼 은혜의 주변부를 돌아본 것에 지나지 않는다. 은혜 충만한 그리스도인은 어떤 모습일까?

아니, 질문을 바꾸는 것이 좋겠다. 은혜 충만한 그리스도인은 어떻게 세상을 **볼까**? 그리스도인의 삶은 주로 윤리나 규율에 중심을 두는 것이 아니라 새로운 시각을 필요로 한다고 믿는다. 어떤 자기 계발이나 자아 확대의 방법으로는 하나님을 기쁘시게 할 수 없는 죄인으로 나 자신을 보기 시작할 때 영적 '중력'의 힘을 벗어난다. 그래야만 외부의 도움, 즉 은혜를 찾아 하나님께 의지할 수 있고, 놀랍게도 거룩하신 하나님이 나의 결함에도 불구하고 이미 나를 사랑하고 계심을 깨달아 알 수 있다. 하나님이 사랑하시는 죄인이라는 사실을 인정할 때 다시 중력의 힘을 벗어나게 된다. 은혜 충만한 그리스도인은 '은혜의 렌즈'로 세상을 보는 사람이다.

***

친구 목사 하나가 예수님이 다소 엄하게 말씀하신 마태복음 7장을 그날의 본문으로 공부하고 있었다. "그날에 많은 사람이 나더러 이르되 주여 주여 우리가 주의 이름으로 선지자 노릇 하며 주의 이름으로 귀신을 쫓아내며 주의 이름으로 많은 권능을 행하지 아니하였나이까 하리니 그때에 내가 그들에게 밝히 말하되 내가 너희를 도무지 알지 못하니 불법을 행하는 자들아 내게서 떠나가라 하리라"(22-23절).

"내가 너희를 도무지 알지 못하니." 그 부분이 그의 눈에 확 들어왔다. 분명 예수님은 "**너희가 나를** 도무지 알지 못하니" 혹은 "너희가 아버지를 도무지 알지 못하니"라고 하지 않으셨다. 친구는 우리의 주요 임무 중 하나는 아마도 하나님께 우리를 알리는 것이며 그야말로 가장 중요한 과제라는 것을 깨달았다. 선행으로 충분하지 않다. "우리가 주의 이름으로 선지자 노릇하[지]…아니하였나이까." 하나님과의 관계는 완전한 공개에 기반을 두어야 한다. 가면을 벗어야 한다.

토머스 머튼(Thomas Merton)은 "하나님의 필요성을 알기 전에는 하나님을 찾을 수 없다"고 했다.[3] 강력한 신앙적 배경에서 자란 사람에게는 이런 인식이 쉽게 오지 않을 수 있다. 내가 다닌 교회는 완벽주의 성향이 있어서 교인 모두 아나니아와 삽비라처럼 영적으로 왜곡하려는 유혹을 받았다. 나중에 알고 보면 일주일 내내 치고받고 싸운 집인데도 일요일이면 언제 그랬느냐는 듯 웃는 얼굴로 차에서 내렸다.

어린 나도 일요일 아침이면 하나님과 주변 성도들이 보라고 멋지게 차려입고 예쁜 짓만 골라 가며 했다. 교회가 정직해도 되는 곳임을 전혀 몰랐다. 이제 은혜의 렌즈로 세상을 보니 불완전함이야말로 은혜의 전제 조건임을 깨닫는다. 빛은 오직 갈라진 틈을 통해서만 들어온다.

최상의 가면으로 외관을 깨끗이 해야 한다는 교만한 유혹은 아직도 나를 찾아온다. C. S. 루이스는 말했다. "거울인 우리에게 밝은 구석이 있다면 그 밝음은 오직 우리를 비추는 햇빛에서 온 것이다. 이를 인정하기는 쉽지만 계속 의식하며 살기란 거의 불가능하다. 분명 우리에게도 타고난 광채가 아무리 조금일지라도 조금은 있지 않을까? 분명 우리는 **완전한 피조물**이 될 수 없을 것이다." 이어 루이스는 말한다. "은혜란 하나님이 필요함을 어린아이처럼 순전히 즐겁게 받아들이는 것이요 기쁨으로 완전히 의존하는 것이다. '유쾌한 거지'가 되는 것이다."[4]

피조물이요 유쾌한 거지인 우리는 의존함으로써 하나님께 영광을 돌린다. 상처와 결함은 은혜가 흘러드는 틈이다. 불완전하고 모자라고 연약하고 유한한 것이 이 땅을 사는 인간의 운명이요 그 운명을 받아들일 때에만 우리는 중력의 힘을 벗어나 은혜를 받을 수 있다. 그래야만 하나님께 가까이 갈 수 있다.

묘하게도 하나님은 '성도'보다 죄인을 가까이하신다(여기서 성도란 외관상 신앙이 좋은 이들을 말한다. 진정한 성도는 자신의 죄인됨을 결코 잊지 않는다). 어느 강사가 영성을 설명하며 이렇게 말했다. "하늘에 계신 하나님은 우리를 한 사람씩 줄에 매달아 붙들고 계십니다. 우리가 죄를 지으면 줄이 끊어집니다.

그러면 하나님은 매듭을 지어 다시 묶으시고 자연히 우리는 하나님께 더 가까워집니다. 우리는 죄를 지어 계속 줄을 끊지만 그럴 때마다 하나님은 다시 묶어 우리를 더 가까이 끌어당기십니다."[5]

***

나 자신을 보는 시각이 바뀌자 이번에는 교회가 달리 보이기 시작했다. 교회가 은혜에 굶주린 이들의 모임으로 보인 것이다. 회복 중인 알코올 중독자들처럼 우리도 서로가 인정하는 연약함을 공유한다. 중력은 우리가 스스로 해낼 수 있다고 믿도록 유혹하지만 은혜가 그 오류를 바로잡는다.

하나님은 그분의 역사를 이루시기 위해 겸손한(정확히 말해 **겸손하게 된**) 자들을 필요로 하신다. 남들보다 잘났다는 기분과 우월감을 풍기고 싶은 유혹을 주는 것은 중력이지 은혜가 아니다.

복음서를 읽는 사람들은 예수님이 죄인과 버림받은 사람들과 편안히 잘 지내시는 모습에 놀란다. '죄인'과도 함께 지내 보고 소위 '성도'와도 함께 지내 본 나로서는 예수님이 전자의 무리와 그토록 많은 시간을 보내신 이유를 알 것 같다.

죄인과 같이 있는 게 더 좋으셨던 것은 아닐까. 죄인들은 자신에 대해 정직하고 전혀 가식이 없었기 때문에 예수님이 그들을 상대하실 수 있었다. 반면 성도들은 잘난 척하며 예수님을 비난하고 도덕의 덫으로 걸고넘어지려 했다. 결국 예수님을 체포한 것은 죄인들이 아닌 성도들이었다.

예수님이 바리새인 시몬의 집에서 저녁 식사를 하시던 장면을 생각해 보라. 오늘날 창녀와 다를 바 없는 여자가 예수님께 향유를 붓고 머리카락으로 그 발을 씻었다. 이런 도발적인 행동에 시몬은 분개했다. 감히 자기 집에 발을 들여놓을 자격도 없는 여자가 아닌가! 그 긴장된 분위기 속에서 예수님이 보이신 반응은 이렇다.

그 여자를 돌아보시며 시몬에게 이르시되 이 여자를 보느냐 내가 네 집에 들어올 때 너는 내게 발 씻을 물도 주지 아니하였으되 이 여자는 눈물로 내 발을 적시고 그 머리털로 닦았으며 너는 내게 입맞추지 아니하였으되 그는 내가 들어올 때로부터 내 발에 입맞추기를 그치지 아니하였으며 너는 내 머리에 감람유도 붓지 아니하였으되 그는 향유를 내 발에 부었느니라. 이러므로 내가 네게 말하노니 그의 많은 죄가 사하여졌도다.

이는 그의 사랑함이 많음이라. 사함을 받은 일이 적은 자는 적게 사랑하느니라. (눅 7:44-47)

나는 스스로 이런 질문을 해 본다. 때때로 교회가 용서받은 여인의 자세 대신 바리새인 시몬의 자세를 취하는 것은 왜일까? 나는 은혜를 시험하는 자리에서 왜 그리 자주 실패하는 것일까?

한 세기 전에 출간된 소설 『테론 웨어의 저주』(*The Damnation of Theron Ware*)에서 본 바람직한 교회상이 두고두고 잊히지 않는다. 회의론자 의사가 근본주의자 목사와 가톨릭 신부에게 말한다. "물론 여러분 모두를 외부에서 공정하게 바라보았지만 외람된 말씀을 드리자면, 교회란 정말 교회의 도움이 필요한 자들을 위해 존재해야지, 자신의 직업이 이미 너무 훌륭해서 교회를 돕는 사람을 위해서 존재해서는 안 된다는 것이 논리적으로 보입니다." 이 회의론자가 보기에 교회란 은혜를 계속 공급해야 하는 곳이다. "매일 오는 사람도 있고 한 해에 한 번 오는 사람도 있고 세례 때 왔다가 장례 때에야 오는 사람도 있지만 일단 여기 오면 누구나 같습니다. 직업이 강도인 사람도 흠 없는 성인과 조금도 다르지 않습니다. 가식적인 모습으로 오면 안 된다는 한 가지 조건이 있을 뿐입니다."[6]

은혜가 '언제나' 흘러넘치는 이런 교회상은 내게 특별히 심금을 울리는 바가 있다. 시카고에 있는 우리 교회 지하실에서 모이던 AA 모임 때문이다. AA가 시설을 빌릴 수 있는 교회는 많지 않다. 장소를 어지럽히는 경향이 있다는 아주 실제적 이유 때문이다. AA 회원들은 약물 중독과 알코올 중독이라는 악마를 퇴치하기 위해 담배와 커피라는 하급 악마의 힘을 빌리는데, 그 과정에서 생기는 벽과 커튼의 그을음이며 바닥과 탁자의 커피 자국을 달갑게 보는 교회가 많지 않다. 내가 다니던 교회는 그럼에도 불구하고 AA에 문을 열기로 했다.

친구 따라 강남 간다고, 회복 단계에 있는 알코올 중독자 친구가 있어 가끔 AA에 가 본 적이 있다. 처음 따라갔다가 여러모로 신약 교회를 닮은 AA의 모습에 깜짝 놀랐다. 유명한 텔레비전 방송인과 이름난 몇몇 백만장자가 실직자들 및 바늘 자국을 감추려 팔뚝에 반창고를 붙인 아이들과 스스럼없이 한데 어울려 있었다. 긍휼 어린 경청, 따뜻한 반응, 수많은 포옹 등이 어우러진 '나눔의 시간'은 소그룹의 교과서를 보는 듯했다. 소개는 이런 식이었다. "저는 탐이라고 합니다. 알코올 중독자 그리고 약물 중독자입니다." 즉시 모두가 그리스합창마냥 한목소리로 외친다. "안녕, 탐!" 이어 중독과의 싸움에 대한 참석자 개인별 경과 보고가 있었다.

시간이 흐르면서 나는 AA가 급진적 정직과 급진적 의존이라는 두 가지 원리로 움직이고 있음을 발견했다. 이는 '하루하루' 살아가라는, 예수님이 압축해서 요약하신 주기도문에 나타난 원리와 정확히 일치하는 것이다. 사실 만날 때마다 주기도문을 함께 암송하는 AA 모임도 많다.

"저는 탐입니다. 전에는 알코올 중독자였지만 지금은 치료되었습니다." AA는 이런 말을 절대 용납하지 않는다. 설사 30년간 술을 입에 대지 않았어도 여전히 자신을 알코올 중독자라고 밝혀야 한다. 자신의 연약함을 부인할 때 곧 그 연약함의 피해자가 되기 때문이다. 이런 말도 있을 수 없다. "저도 알코올 중독자지만 저기 있는 누구만큼 심하지는 않습니다. 저 사람은 코카인 중독자거든요." AA에서는 지면이 평평하다.

루이스 마이어(Lewis Meyer)는 말했다.

그곳은 지위가 무의미한, 내가 아는 유일한 곳이다. 아무도 남을 속이지 않는다. 다들 한때 인생을 망쳤다가 다시 잘해 보려는 이유로 모인 사람들이다.…교회 모임을 비롯하여 각종 단체

모임도 많이 가 봤지만 AA에서 만난 그런 사랑은 본 적이 없다. 짧은 한 시간 동안 높고 강한 자들은 내려오고 낮은 자들은 올라간다. 그 결과로 나타나는 평준화, 그것이 이들이 사용하는 형제애라는 말의 뜻이다.[7]

'치료'를 위해, AA 프로그램은 동료 투쟁가들과 더 강한 능력에 대한 급진적 의존을 요구한다. 내가 참석한 모임 사람들은 대부분 '하나님' 대신 '더 강한 능력'이라는 말을 사용했다. 그들은 드러내 놓고 하나님의 용서와 힘을 구했고 주변 친구들의 도움을 청했다. 이들이 AA에 온 것은 그곳에 은혜가 '언제나' 넘친다고 믿었기 때문이다.

교회 본당과 지하실을 잇는 계단을 오르내리면서 일요일 아침과 화요일 저녁의 아래층과 위층의 차이를 생각해 본 적이 있다. 화요일 저녁에 모이는 이들 중 일요일에 나오는 사람은 소수에 지나지 않았다. 지하실을 빌려주는 교회의 호의는 고맙지만 교회는 왠지 마음이 편치 않다는 것이 내가 대화해 본 AA 회원들의 말이다. 자기들은 근근이 지탱하고 있는데 위층 사람들은 아무 문제가 없어 보였다. 그들은 청바지에 티셔츠 차림으로 철제 의자에 꾸부정히 앉아 원하는 대로 욕설도 해 가며 뿌연 담배 연기 속에 있는 것이 더 편했다. 꼿꼿한 등받이 의자가 있는 스테인드글라스 예배당이 아니라 바로 거기가 그들이 속한 곳이었다.

지하실 모임이 신앙의 가장 중요한 몇 가지 교훈 면에서 우리의 스승임을 교회가 깨닫는다면 얼마나 좋을까? 그들은 급진적 정직으로 시작해 급진적 의존으로 끝났다. 은혜가 넘쳐 흐르는 유일한 곳이 AA였기에 목마른 이들은 매주 '유쾌한 거지'가 되어 찾아왔다.

***

교회에서 설교를 하고 나서 성만찬 집전을 도운 일이 몇 번 있다. 낸시 메어스(Nancy Mairs)는 성찬에 대해 이렇게 말했다. "내가 거룩하고 경건하고 깨끗한 모범 신자라서 참예하는 것이 아니다. 영혼이 심각한 저혈당 때문에 허약하여, 의심과 불안과 분노투성이의 문제 신자이기에 참예하는 것이다."[8] 나는 설교 후에 굶주린 영혼들의 영양 공급을 도왔다.

우리 교회에서는 참예하기 원하는 이들은 앞으로 나와 조용히 반원형으로 선 다음, 빵과 포도주를 건네주기를 기다렸다. "그대를 위하여 찢기신 그리스도의 몸." 내가 앞에 선 사람이 떼도록 빵을 들고 먼저 말한다. 그러면 내 뒤에 선 목사가 공동 잔을 들고 이렇게 말한다. "그대를 위하여 흘리신 그리스도의 피."

아내가 이 교회에서 봉사했고 나 또한 오랜 기간 교사로 일했기 때문에 나는 앞에 선 이들 중 몇 명의 사연을 잘 알았다. 지푸라기 같은 머리에 구부정하게 서 있는 노년부 소속 마벨은 과거 매춘부였다. 마벨이 속에 감춘 어두운 비밀을 털어놓기까지 아내는 꼬박 7년을 매달려야 했다. 50년 전 마벨은 외동딸을 팔아넘겼다. 가족들한테 오래전에 버림을 받은데다 임신까지 하자 수입이 끊겼고, 엄마 노릇도 제대로 못할 것 같아 아기를 미시간주의 어느 부부에게 판 것이다. 마벨은 자신을 용서할 수 없었다. 그런 마벨이 볼에 둥글게 연지를 칠한 얼굴로 성찬 대열에 끼어 은혜의 선물을 받고자 손을 내밀고 서 있었다. "마벨, 그대를 위해 찢기신 그리스도의 몸…"

마벨 옆에는 교회 노년부 출신 중 유일하게 결혼식을 올린 주인공 거스와 밀드레드가 있었다. 결혼하면 동거하는 것보다 복지 연금이 매달 150달러 깎이는데도 거스는 초지일관이었다. 인생의 빛으로 와 준 밀드레드와 같이 살 수만 있다면 가난쯤이야 상관없다는 것이었다. "거스와 밀드레드, 그대를 위해 흘리신 그리스도의 피…"

다음은 인류에 대한 지독한 공포가 월남전 참전으로 더 깊어진 분노의 흑인 청년 아돌푸스 차례였다. 사람들은 아돌푸스가 무서워서 교회를 떠나곤 했었다. 한번은 내가 여호수아서를 가르치고 있는데 아돌푸스가 손을 번쩍 들더니 큰소리로 떠들었다. "M-16 소총만 있다면 이 방에 있는 너희 백인 녀석들을 다 쏴 죽이고 말겠어." 의사였던 교회의 한 장로가 그를 따로 데리고 나가 일요일 예배 전에는 약을 먹고 오라고 단단히 일렀다. 그가 단순히 분노 때문이 아니라 굶주림 때문에 오는 것임을 알았기에 교회는 묵묵히 그를 받아주었다. 어쩌다 버스도 놓치고 차편도 제공되지 않을 때면 혼자 8킬로미터씩 걸어서 교회에 올 때도 있었다. "아돌푸스, 그대를 위해서 찢기신 그리스도의 몸…"

이어서 나는 시카고 대학에 재직중인 점잖은 독일인 부부 크리스티나와 라이너에게 미소를 보냈다. 둘 다 박사인 이들은 독일 남부 경건주의 단체 출신이다. 이들은 내게 모라비안 운동이 전 세계에 미친 영향을 들려주며 그들의 고향 교회는 아직도 그 영향 아래 있다고 했다. 그런 그들이 지금은 평생 순종해 온 말씀으로 시련을 겪고 있었다. 아들이 1년간 인도 캘커타에 있는 최악의 빈민가에 거할 계획으로 막 선교 여행을 떠난 것이다. 크리스티나와 라이너는 이런 희생을 늘 소중히 여겨 왔으나 막상 아들 차례가 되니 모든 것이 달라 보였다. 아들의 건강과 안전이 걱정됐다. 크리스티나는 얼굴을 두 손에 파묻었다. 손가락 사이로 눈물방울이 뚝뚝 떨어졌다.
"크리스티나와 라이너, 그대를 위해 흘리신 그리스도의 피…"

그다음은 뇌종양 제거 수술로 머리카락이 전부 빠져 머리에 터번을 두르고 온 사라. 그다음은 누가 말만 걸어도 움찔할 정도로 말을 더듬는 증세가 심한 마이클. 그다음은 얼마 전 네 번째로 결혼한 괄괄하고 뚱뚱한 이탈리아 여자 마리아.
"이번은 다를 거예요. 그냥 알아요."

"그리스도의 몸…그리스도의 피…" 이런 사람들에게 언제나 흘러넘치는 은혜 외에 무엇을 제공할 수 있을까? 교회가 '은혜의 수단'보다 더 좋은 것을 베풀 수 있을까? 깨어진 가정들, 연약한 개인들. 여기에 은혜가? 그렇다. 바로 여기다. 어쩌면 위층 교회도 아래층 AA 모임과 별반 다르지 않았을지도 모른다.

***

신기하게도 은혜의 렌즈는 교회 바깥 사람들도 동일한 관점으로 보게 한다. 나 자신이나 교회 안의 사람처럼 그들 역시 하나님이 사랑하시는 죄인이다. 집 나간 자식이 되어 아주 먼 곳을 헤매는 자들도 있겠지만 그럼에도 불구하고 아버지는 그들이 돌아오면 기쁨과 축하로 맞으려 서서 기다리고 계신다.

사막의 점성가나 현대 예술가와 사상가들은 은혜를 다른 데서 찾으려 하나 그것은 허사다. "말하기 부끄럽지만, 세상에 필요한 것은 기독교의 사랑이다." 버트런드 러셀(Bertrand Russell)의 말이다. 무신론자인 인본주의 소설가 마거니타 래스키(Marghanita Laski)는 죽기 얼마 전 텔레비전 인터뷰에서 이렇게 말했다. "제가 그리스도인 여러분에게 가장 부러운 것은 용서입니다.…저는 저를 용서해 줄 사람이 없습니다." 'X세대'(Generation X)라는 말을 만들어 낸 더글러스 코플랜드(Douglas Coupland)는 『하나님을 좇는 삶』(*Life After God*)에서 이런 결론을 내렸다. "나에게는 하나님이 필요하다. 그것이 내 비밀이다. 상처투성이인 나는 더 이상 혼자 힘으로 살아갈 수 없다. 남한테 주는 것도 내 힘으로는 더 이상 안 된다. 하나님이 도와주셔야 한다. 친절을 베푸는 것도 내 힘으로는 더 이상 안 된다. 하나님이 도와주셔야 한다. 사랑하는 것도 내 힘으로는 안 된다. 하나님이 도와주셔야 한다."

나는 이런 갈망을 고백한 자들을 자상하게 대하시는 예수님의 모습에 놀란다. 요한복음에는 예수님이 우물가에서 여인과 나눈 즉흥적인 대화가 기록되어 있다. 당시는 남자가 먼저 이혼을 제의하던 때였다. 이 사마리아 여인은 다섯 남자한테 버림받은 여자였다. 예수님은 그 여인이 자신의 삶을 얼마나 엉망으로 만들었는지 지적하는 말로 시작하실 수도 있었다. 그러나 그분은 "여자여, 남편도 아닌 남자와 살다니 그게 얼마나 부도덕한 일인지 아느냐?"라고 말씀하지 않으셨다. 그분의 말씀은 사실상 이런 것이었다. '네가 몹시 목마르구나.' 예수님은 지금 긷는 물로는 결코 만족을 얻을 수 없다고 말씀하시며 여자에게 갈증을 영원히 씻어 줄 생수를 주셨다.

나는 도덕적으로 용납할 수 없는 사람을 만날 때면 예수님의 이 정신을 되살리려 애쓰며 혼자 중얼거린다. '이 사람은 몹시 목마른 사람일 거야.' 헨리 나우웬 신부와 대화한 적이 있다. 샌프란시스코의 여러 에이즈 환자 사역 단체를 방문하고 막 돌아온 그는 환자들의 슬픈 사연에 긍휼을 품게 되었다. "다들 너무나 사랑을 너무나 간절히 원해서 말 그대로 죽어 가고 있습니다"라고 그는 말했다. 그는 그들을 엉뚱한 물을 찾고 있는 목마른 자들로 본 것이다.

나는 죄인들이나 '나와 다른' 사람들 앞에서 혐오감에 몸을 사리려는 유혹이 들 때면 예수님의 지상 생활은 어땠을까 떠올려 본다. 완전하고 죄 없으신 예수님은 주변 사람들의 행동에 대해 얼마든지 혐오감을 품을 수 있었다. 그러나 그분은 내로라하는 죄인들도 정죄가 아닌 자비로 대하셨다.

은혜를 맛본 사람은 길 잃은 영혼들을 더 이상 '저 악한 자들' 내지는 '내 도움이 필요한 가련한 자들'로 보지 않는다. 그들에게서 '사랑할 만한' 부분을 찾을 필요도 없다. 은혜가 가르쳐 준 것은 하나님이 우리 모습 때문이 아니라 당신 자신을 인해 사랑하시는 분이라는 것이다. 자격 조건 따위는 해당 사항이 못 된다. 독일 철학자 프리드리히 니체는 자서전에서 자기는 모든 영혼의 가장 깊은 곳, 특히 "많은 인격의 밑바닥에 숨겨져 있는 넘치는 먼지 냄새를 맡을" 수 있는 능력에 대해 말했다.[9] 니체는 비은혜의 화신이었다. 우리는 그 반대로, 숨겨진 가치의 냄새를 맡도록 부름받았다.

영화 <엉겅퀴 꽃>(Ironweed)에 보면 잭 니콜슨과 메릴 스트립이 연기한 두 인물이 술에 취한 채 눈밭에 누워 있는 늙은 에스키모 여인을 우연히 발견하는 장면이 나온다. 곤드레

만드레 취한 두 사람이 이 여인을 어떻게 할지 이야기를 주고받는다.

"술에 취했나, 아니면 부랑자일까?" 니콜슨이 묻는다.

"그냥 부랑자예요. 평생 그랬죠."

"그전에는?"

"알래스카 매춘부였고요."

"평생 매춘부는 아니었겠지. 그전에는?"

"몰라요. 그냥 어린아이였겠죠."

"어린아이라면 대단한 거지. 부랑자도 아니고 매춘부도 아니지. 대단한 거야. 안으로 데려갑시다."

두 방랑자는 에스키모 여인을 은혜의 렌즈로 보고 있다. 사회의 눈으로는 부랑자요 매춘부에 지나지 않던 여자가 은혜의 눈으로 보니 '어린아이', 즉 망가진 형상일 망정 하나님의 형상대로 지음받은 한 사람이 된 것이다.

기독교에는 "죄는 미워하되 죄인은 사랑하라"는 원리가 있다. 말처럼 쉽지 않은 일이다. 그리스도인들이 예수님의 훌륭한 본을 따라 이것만 다시 실천하면 하나님의 은혜의 통로라는 소명을 성취하는 데 성큼 다가갈 것이다. C. S. 루이스는 죄를 미워하는 것과 죄인을 미워하는 것을 시시콜콜 구분한다는 것이 오랫동안 이해되지 않았다고 한다. 어떻게 사람은 미워하지 않으면서 그 사람이 한 일만 미워할 수 있단 말인가?

그러나 내가 평생 그렇게 해 온 대상이 한 사람 있음을 오랜 후에야 알았다. 바로 나 자신이었다. 내 비겁함과 자만심과 탐욕은 지독히 미워했어도 나 자신은 계속 사랑한 것이다. 거기엔 전혀 어려움이 없었다. 그런 행동을 미워한 것도 실은 나를 사랑했기 때문이다. 자신을 사랑했기에 자신이 그런 짓을 하는 존재임이 밝혀지는 것이 안타까웠던 것이다.[10]

루이스는 그리스도인이 죄를 미워하는 일에는 타협이 있을 수 없다고 말한다. 내 속의 죄를 미워하는 것과 같은 방식으로 남의 죄도 미워해야 한다. 상대의 그런 행동을 안타깝게 여기며 언제 어디선가 어떻게든 회복되기를 바라는 마음으로 말이다.

***

찬송가 "나 같은 죄인 살리신"에 관한 빌 모이어스(Bill Moyers)의 다큐멘터리 비디오에는 런던 웸블리 스타디움에서 찍은 장면이 나온다. 주로 록 밴드인 다양한 음악 그룹이 남아프리카의 변화를 축하하기 위해 모였고, 어떤 이유에서인지 제작진은 오페라 가수 제시 노먼(Jessye Norman)을 마지막 순서로 짜 놓았다.

비디오는 스타디움의 떠들썩한 군중과 제시 노먼의 인터뷰 장면을 왔다갔다 한다. 도열한 스피커에서 나오는 굉음으로 록 그룹들이 장장 열두 시간 동안 군중의 귀를 때려 이미 술과 마약에 취한 팬들의 흥분을 고조시켰다. 군중은 앵콜을 외쳐 댔고 밴드는 기꺼이 응했다. 그 시간에 제시 노먼은 분장실에 앉아 모이어스와 함께 "나 같은 죄인 살리신"에 대한 이야기를 나누고 있다.

물론 이 찬송가는 야비하고 잔인한 노예 무역상 존 뉴턴(John Newton)이 쓴 것이다. 물에 빠져 죽을 뻔한 폭풍 속에서 그는 처음 하나님을 찾았다. 그의 변화는 서서히 찾아왔기에 그는 회심 후에도 계속 노예 무역에 열심이었다. "귀하신 주의 이름은 참 아름다워라"라는 찬송도 아프리카 어느 항구에서 노예 선적을 기다리며 쓴 것이다. 그러나 후에 그는 그 직업을 버리고 목사가 되어 윌리엄 윌버포스(William Wilberforce)와 힘을 합해 노예 제도 폐지를 위해 싸웠다. 존 뉴턴은 자신이 건짐받은 수렁을 평생 잊지 않았다. 그는 은혜를 영영 잊지 못했다. "나 같은 죄인 살리신…"이라는 가사는 그야말로 그의 가슴속 깊은 곳에서 나온 것이다.

비디오에서 제시 노먼은 빌 모이어스에게, 뉴턴이 노예들이 부르던 오래된 곡조를 빌려 이 찬송을 썼을지 모른다고 말한다. 자신이 구속받았듯이 그 노래를 구속의 노래로 삼았을지도 모른다.

이윽고 노먼이 노래할 차례가 된다. 물결치는 아프리카 전통 다시키를 입은 기품 있는 흑인 여인 노먼이 무대 위를 걸어 나간다. 원형 조명 하나만 노먼을 따른다. 악단도 없고 악기도 없다. 제시뿐이다. 누군가 다이어 스트레이츠(Dire Straits) 음악을 더 듣자고 외친다. 다른 사람들이 외침을 이어간다. 무대가 볼품없어진다.

제시 노먼이 혼자서 아카펠라로 아주 천천히 노래를 부르기 시작한다.

나 같은 죄인 살리신 주 은혜 놀라워.
잃었던 생명 찾았고 광명을 얻었네.

그날 밤 웸블리 스타디움에서 놀라운 일이 벌어진다. 쉰 목소리로 외쳐 대던 7만 명 팬들이 노먼이 부르는 은혜의 아리아 앞에 돌연 침묵에 잠긴다.

"큰 죄악에서 건지신 주 은혜 고마워…." 노래가 2절에 이르자 청중은 완전히 소프라노 가수의 손안에 들어와 있다.

3절에 이르자 수천 명의 팬들이 오래전에 들었던 거의 잊혀진 가사를 기억 속에서 더듬으며 노래를 따라 부른다. "이제껏 내가 산 것도 주님의 은혜라."

거기서 우리 영원히 주님의 은혜로
해처럼 밝게 살면서 주 찬양하리라.

제시 노먼은 후에 그날 밤 웸블리 스타디움에 무슨 권능이 임했는지 모르겠다고 고백한 바 있다. 나는 알 것 같다. 세상은 은혜에 목말라 있다. 은혜가 임할 때 세상은 그 앞에서 침묵에 잠긴다.

주

1장 해방

1 C. S. Lewis, *Mere Christianity* in *The Complete C. S. Lewis Signature Classics* (New York: HarperOne, 2002), p. 98. 『순전한 기독교』(홍성사).

2 Marina Cantacuzino, *The Forgiveness Project: Stories for a Vengeful Age* (London: Jessica Kingsley Publishers, 2015), p. viii에서 인용.

3 Anne Lamott, *Traveling Mercies: Some Thoughts on Faith* (New York: Pantheon Books, 1999), p. 134.

4 Anne Lamott, *Plan B: Further Thoughts on Faith* (New York: Riverhead Books, 2005), p. 47.

5 N. T. Wright, *Evil and the Justice of God* (Downers Grove, Ill.: InterVarsity Press, 2006), p. 136. 『악의 문제와 하나님의 정의』(IVP).

2장 사랑에 애타는 아버지

1 Henri J. M. Nouwen, *The Return of the Prodigal Son* (New York: Doubleday/Image, 1994), p. 114. 『탕자의 귀향』(포이에마).

2 Søren Kierkegaard, *Training in Christianity* (Princeton: Princeton University Press, 1947), p. 20. 『그리스도교의 훈련』(다산글방).

3장 은혜의 색다른 계산법

1 C. S. Lewis, "On Forgiveness?" in *The Weight of Glory and Other Addresses* (New York: Collier Books/Macmillan, 1980), p. 125. 『영광의 무게』(홍성사).

2 C. S. Lewis and Don Giovanni Calabria, *Letters* (Ann Arbor, Mich.: Servant Books, 1988), p. 67.

3 Miroslav Volf, *Exclusion and Embrace* (Nashville: Abingdon Press, 1996), p. 85. 『배제와 포용』(IVP).

4 Frederick Buechner, *The Longing for Home* (San Francisco: HarperCollins, 1996), p. 175.

5 Dorothy L. Sayers, *Christian Letters to a Post-Christian World* (Grand Rapids: Eerdmans, 1969), p. 45. 『도그마는 드라마다』(IVP).

6 Ernest Kurtz, *The Spirituality of Imperfection* (New York: Bantam, 1994), pp. 105-106. 『불완전함의 영성』(살림).

7 John Donne, *John Donne's Sermons on the Psalms and the Gospels* (Berkeley: University of California Press, 1963), p. 22.

4장 끊지 못한 사슬

1 Kenneth E. Bailey, *Poet & Peasant* (Grand Rapids: Eerdmans, 1976), pp. 161-164, 181. 『중동의 눈으로 본 예수님의 비유』(이레서원).

5장 비본성적 행위

1 William L. Shirer, *Love and Hatred: The Stormy Marriage of*

Loe and Sonya Tolstoy (New York: Simon & Schuster, 1994), pp. 26, 65-67.

2　W. H. Auden, "September 1, 1939", in *Selected Poems* (New York: Vintage Books/Random House, 1979), p. 86.

3　Elizabeth O'Connor, *Cry Pain, Cry Hope* (Waco, Tex.: Word Books, 1987), p. 167.

4　Erma Bombeck, *At Wit's End* (N. p.: Thorndike Large Print Edition), 1984, p. 63.

5　Charles Williams, *The Forgiveness of Sins* (Grand Rapids: Eerdmans, 1984), p. 66.

6　Louis I. Bredvold, ed., *The Best of Dryden* (New York: T. Nelson and Sons, 1933), p. 20.

7　Dietrich Bonhoeffer, *The Cost of Discipleship* (New York: Macmillan, 1959), pp. 134-135. 『나를 따르라』(복있는사람).

8　Helmut Thielicke, *The Waiting Father* (San Francisco: Harper & Row, 1959), p. 133. 『기다리는 아버지』(컨콜디아사).

9　Henri Nouwen, *Return*, 앞의 책, pp. 129-130.

6장　왜 용서인가?

1　"Colorful Sayings of Colorful Luther", in *Christian History*, vol. 34, p. 27에서 인용.

2　Gabriel García Márquez, *Love in the Time of Cholera* (New York: Alfred A. Knopf, 1988), pp. 28-30. 『콜레라 시대의 사랑』(민음사).

3　François Mauriac, *Knot of Vipers* (London: Metheun, 1984). 『독을 품은 뱀』(펭귄클래식코리아).

4   Mary Karr, *The Liar's Club* (New York: Viking, 1995).

5   Lewis B. Smedes, *Shame and Grace* (San Francisco: HarperCollins, 1993), pp. 80, 31.

6   Kathryn Watterson, *Not by the Sword* (New York: Simon & Schuster, 1995).

7   Victor Hugo, *Les Misérables* (New York: Penguin, 1976), p. 111. 『레 미제라블』(동서문화사).

8   Lewis B. Smedes, "Forgiveness: the Power to Change the Past," in *Christianity Today* (January 7, 1983), p. 24.

9   Simone Weil, *Gravity and Grace* (New York: Routledge, 1972), p. 9. 『중력과 은총』(문학과지성사).

7장 복수

1   Simon Wiesenthal, *The Sunflower* (New York: Schocken, 1976). 『해바라기』(뜨인돌).

2   Joseph Klausner, *Jesus of Nazareth: His Life, Times, and Teaching* (London: George Allen & Unwin, 1925), p. 393.

3   Lewis B. Smedes, *Forgive and Forget* (San Francisco: Harper & Row, 1984), p. 130. 『용서의 기술』(규장).

4   Romano Guardini, *The Lord* (Chicago: Regnery Gateway, 1954), p. 302. 『주님』(바오로딸).

5   Helmut Thielicke, *Waiting*, 앞의 책, p. 62.

6   Mark Noll, "Belfast: Tense with Peace" in *Books & Culture* (November/December 1995), p. 12.

7   Elizabeth O'Connor, *Cry Pain,* 앞의 책, p. 50.

8   Lance Morrow, I Spoke…As a Brother? in *Time* (January 9,

1984), pp. 27-33.

8장 은혜의 무기고

1. Walter Wink, *Engaging the Powers* (Minneapolis: Fortress, 1992), p. 275. 『사탄의 체제와 예수의 비폭력』(한국기독교연구소).
2. Ian Buruma, *The Wages of Guilt: Memories of War in Germany and Japan* (New York: Farrar, Straus and Giroux, 1994). 『아우슈비츠와 히로시마』(한겨레신문사).
3. *Response*, a publication of the Simon Wiesenthal Center in Los Angeles에서 인용.
4. Elton Trueblood, *The Yoke of Christ* (Waco, Tex.: Word, 1958), p. 37.
5. Walter Wink, *Engaging*, 앞의 책, p. 191.
6. Michael Henderson, *The Forgiveness Factor* (Salem, Ore.: Grosvenor Books USA, 1996), p. xix.
7. David Garrow, *Bearing the Cross* (New York: William Morrow, 1986), pp. 81, 500, 532.
8. Laurens van der Post, *The Prisoner and the Bomb* (New York: William Morrow and Company, 1971), p. 133.

9장 은혜 충만한 그리스도인

1. Simone Weil, *Gravity*, 앞의 책, p. 1, 16.
2. Karl Barth, *The Word of God and the Word of Man* (New York: Harper & Row, 1957), p. 92.

3   Thomas Merton, *No Man Is an Island* (New York: Harcourt, Brace and Company, 1955), p. 235.

4   C. S. Lewis, *The Four Loves* (London: Geoffrey Bles, 1960), p. 149. 『네 가지 사랑』(홍성사).

5   Ernest Kurtz, *Spirituality*, 앞의 책, p. 29에서 인용.

6   Harold Frederic, *The Damnation of Theron Ware* (New York: Penguin, 1956), pp. 75-76.

7   Brennan Manning, *The Gentle Revolutionaries* (Denville, N.J.: Dimension, 1976), p. 66.

8   Nancy Mairs, *Ordinary Time* (Boston: Beacon Press, 1993), p. 89.

9   Clifford Williams, *Singleness of Heart* (Grand Rapids: Eerdmans, 1994), p. 126에서 인용. 『마음의 혁명』(그루터기하우스).

10 C. S. Lewis, *Mere*, 앞의 책, pp. 99-100.

옮긴이 윤종석은 서강대학교 영어영문학과를 졸업하였으며 미국 골든게이트 침례신학교에서 교육학을, 트리니티 복음주의신학교에서 상담학을 공부했다. 『교회, 나의 고민 나의 사랑』 『남자는 무슨 생각을 하며 사는가?』 『하나님이 축복하시는 삶』 『하나님의 음성』 『모자람의 위안』 『세계관은 이야기다』 『베푸는 삶의 비밀』 『작아서 아름다운』(이상 IVP), 『재즈처럼 하나님은』(복있는사람), 『팀 켈러의 내가 만든 신』(두란노) 등 다수의 책을 번역하였다.

용서: 은혜를 시험하는 자리

초판 발행_ 2023년 8월 14일
초판 2쇄_ 2023년 11월 27일

지은이_ 필립 얀시
옮긴이_ 윤종석
펴낸이_ 정모세

펴낸곳_ 한국기독학생회출판부
등록번호_ 제2001-000198호(1978.6.1)
주소_ 04031 서울시 마포구 동교로 156-10
대표 전화_ (02)337-2257 팩스_ (02)337-2258
영업 전화_ (02)338-2282 팩스_ 080-915-1515
홈페이지_ http://www.ivp.co.kr 이메일_ ivp@ivp.co.kr
ISBN 978-89-328-2176-4

ⓒ 한국기독학생회출판부 2023

책값은 뒤표지에 있습니다.
무단 전재와 복제를 금합니다.